池上 彰

社会に出るあなたに伝えたい

なぜ、読解力が必要なのか？

講談社＋α新書

はじめに

「日本人の読解力急落」の衝撃

２０１９年12月４日、新聞各紙が一斉に「日本の読解力15位」「続落」「後退」と報じました。79ヵ国・地域の15歳（日本は高校1年生）約60万人の生徒を対象に実施された２０１８年の「ＰＩＳＡ（ピザ）（学習到達度調査）」で、日本の読解力の順位が、前回２０１５年の８位（５１６点）から15位（５０４点）に下がったというニュースです。

日本経済新聞は「読解力、過去最低の15位」とショッキングな大見出しを打ちました。読売新聞は翌5日も、このニュースを受けて「国語力が危ない」という連載記事を一面トップに掲載し、「この公園には滑り台をする」「文章作れぬ若者」と見出しをつけています。ダウンタウンの松本人志さんもツイッターで「日本の子供達の読解力が世界的にみて劣ってるらしい。。。」と話題にするなど、この「読解力15位」のニュースは波紋を広げました。

ＰＩＳＡ調査とは、経済協力開発機構（ＯＥＣＤ）が実施している国際的な学習到達度調査で、ＰＩＳＡはProgramme for International Student Assessment（国際生徒評価のためのプログラム）の略称です。

「21世紀に必要となる主要な資質・能力」として、読解力、数学的リテラシー、科学的リテラシーの３つを調査しています。この２０１８年調査において、日本の数学的リテラシーは6位（５２７点）、科学的リテラシーは5位（５２９点）で、世界トップクラスの水準を維持していました。読解力だけが大幅に順位を下げたということで、大きく報じられたのです。

「読解力」は人生に欠かせない力

さてこの「読解力」、訓読みをすれば「読み解く力」ですが、これはそもそもどんな力を指すのでしょうか。

「小説を読んで登場人物の気持ちを想像する」「評論を読んで著者の主張を考える」といった、国語の授業で問われていたことを思い浮かべる方が多いかもしれません。

それももちろん「読解力」で、学びの場で重視される力です。しかし私は読解力というものを、もっと広義にとらえたほうがいいのではないかと考えています。

読解力は、国語の授業中だけではなく、生きていく上で常に必要となる力です。日常生活においても、住宅や携帯電話の契約書、税金や保険の手続き書類、友人とのメールやＳＮＳでのやりとりなど、正しく理解すべき文章は身の回りにあふれています。

仕事でも、上司や同僚、取引先からのメール、企画書、仕様書、発注書、契約書など、さまざまな文章を読む機会があるでしょう。それらを読んで理解する力がないと、思わぬ誤解を招いたり、コミュニケーションがとれなかったり、仕事自体が立ち行かなくなったりしてしまいます。

文章だけでなく、会話にも読解力は必要です。「回りくどい言い方をしているけれど、この人の本音は違うな」「説明が下手だけれど、要するにこういうことを言いたいんだな」などと、相手の意図をこちらで察するということです。

たとえば「大丈夫」という言葉は、状況次第でさまざまな意味にとれるため、読解力がいる言葉だと言えるでしょう。転んだ子どもに「大丈夫？」と聞いて、相手が笑顔で元気よく「大丈夫！」と答えたら、「そんなに痛くなかったよ」だとか「問題ないよ」とかいった意味になるでしょう。しかし元気がなく口数が少なくなった同僚に「大丈夫？」と聞くという状況では、相手がいくら「大丈夫です！」と言ったとしても、それは心配させまいという気遣いだったり、強がりだったりで、本当は大丈夫ではない、と読み解くほうが自然でしょう。

他にも「その発想はユニークだね」というセリフを、あなたはどう受け止めるでしょうか。これも状況によって「独創的で本当に素晴らしい」という賞賛なのか、「面白いけれど、ウチの会社の実情を考えたら到底無理だね」という含みのある言い方なのか、「面白いけどウケ狙いでしょ？」と呆れているのか、あるいは「話にならないよ」と馬鹿にしているのか、さまざまな意味に読み解けるのではないでしょうか。

状況次第というのはつまり、そこに至るまでの文脈だったり、相手の表情や態度など言葉以外の情報「ノンバーバル（言葉を用いない）コミュニケーション」だったりが関係するということです。

2020年春、新型コロナウイルスの流行で日本全国に「緊急事態宣言」が出て以降、テレワークは急速に普及しましたが、オンライン会議やメールでは、相手の状況がわかりづらいという不便さを感じた人も多いのではないでしょうか。

会社という場でじかに接していれば、相手の表情や態度から、忙しそうだな、あるいは余裕がありそうだな、ということが容易にわかり、報告や相談などもタイミングを計りやすすかったのですが、テレワークではノンバーバルコミュニケーションが不足し、相手の状況を読み解く手段が限られるため、ストレスが溜まるのです。

　友人や恋人、家族や同僚といった身近な人たちとコミュニケーションをとる際には、言葉や表情、態度、場の流れなどから相手の伝えたいことをきちんと理解できないと、人間関係がこじれてしまいます。反対にそれをきちんと読み解くことができれば、人間関係はより良好になることでしょう。

読解力は仕事にどう役立つか

読解力はこのように、ビジネスにおいても当然欠かせないものです。

たとえば営業職の場合、取引先からの発注書に書かれているさまざまな条件を丁寧に読み込まなければ、相手の要望どおりに納品することはできません。それができなければ、社会人として問題です。

　優秀なビジネスパーソンは、部品を納品して終わりではなく、「取引先はなぜこの部品を欲しがっているのだろうか」と発注書を読み解きます。この部品で相手が何を作ろうとしているのか状況を察知できれば、「わが社にはこんな部品もあります」「こういう提案もできます」とビジネスチャンスを広げていけるからです。読解力は、仕事に直結して役に立つのです。

星野リゾート代表の星野佳路（よしはる）さんは、軽井沢の実家である「星野温泉旅館」を再生し、ホテルや旅館を所有せず運営サービスの提供に特化するビジネスモデルで、日本各地のリゾートや旅館を再生させたことで有名です。現在は海外進出もしています。星野さんは運営するホテルそれぞれが置かれている状況を丁寧に読み解き、新しい需要を掘り起こしています。

星野リゾートが運営する「ＯＭＯ７（おもせぶん）旭川」は、１９２０（大正9）年に「北海屋ホテル旭川支店」として開業したという、長い歴史を持つホテルです。

初めはスキー旅行者の需要はゼロだったそうですが、欧米など世界のスキーリゾートは標高の高いところばかりで、都市から非常に近い距離でスキーを楽しめるのは日本の旭川しかない、ということに気づきました。そこで、２０１８年春にリニューアルオープンした際に「旭川、スキー都市宣言！」と掲げて、新しいセールスポイントをつくり出しました。

ホテルからバスで1時間以内に行けるスキー場は3つもあり、宿泊客はその日の天候や積雪量を見てどこに行くか決められる上に、吹雪でスキーができない日には旭山動物園に行ったり、旭川のグルメを味わったりと、予定を変更して観光を楽しむこともできます。

この売り出し方により、2019年12月から2020年1月のスキー旅行者は、宿泊者全体の25%にまで上ったそうです。夏に比べて冬の観光客が少なかった旭川に、新たなビジネスチャンスを見いだしたのです。

世界ルールを変えた緒方貞子さん

さらに壮大な話になりますが、「読解力」を発揮することで世界を変えたのが、難民を助けるための国際機関である国連難民高等弁務官事務所（UNHCR）のトップを1991年から10年間務めた、故・緒方貞子さんです。

緒方さんが最初に力を発揮したのがクルド人難民問題です。2000万〜3000万人いるとも言われる国を持たない世界最大の民族・クルド人は、イラクやイラン、トルコ、シリア、アゼルバイジャンなどに居住しています。

湾岸戦争（1991年）を機にイラク国内のクルド人が武装蜂起し、イラク政府軍はそれを弾圧しました。このため約180万人のクルド人がトルコやイランに向かって避難しましたが、トルコ政府はクルド人たちの入国を認めず国境を封鎖。彼らはイラクの国内避難民として国境地帯で立ち往生してしまいました。

そこでＵＮＨＣＲに着任したばかりの緒方さんが、クルド人たちを助けるように指示しました。しかし職員たちから、「ＵＮＨＣＲは難民を助ける機関です。難民とは居住していた国で危険にさらされ国外へ逃げてきた人のことです。このクルド人たちは国内避難民で、難民ではありません」と反対されてしまいました。規定に忠実なのかもしれませんが、まさしく官僚答弁といった具合です。

それでも緒方さんは食い下がり、「困っている人を助けるのが私たちの仕事なんだから、とにかく助けなさい」と命令して、結果的にＵＮＨＣＲはイラク国内に難民キャンプを作って援助活動を行い、クルド人を助けました。

この緒方さんの行動によって、「国内避難民」も「難民」であると定義が変わり、現在のＵＮＨＣＲは難民も国内避難民も両方を助けるようになったのです。

それまでＵＮＨＣＲは、民族、宗教、政治的な主張の違いなどで迫害され、国外に逃げた「難民」を助けていました。クルド人は民族や政治的な主張が違うことからイラク国内で命の危険にさらされ、国内を逃げ回っていましたが、国外には出ていないため「難民」ではありませんでした。

でも緒方さんは、**そもそもＵＮＨＣＲがなぜできたのか、困っている人を助けるためでは**

ないか、国内避難民も困っている人なんだから当然助けよう、と考えたのです。緒方さんには、「**ものごとの本質を読み解く力**」がありました。

読解力は、このように生きる上で本当に大切な力です。それなのに「日本人の読解力が落ちている」というデータを出されたら、心配になりますね。では実際のところ、本当に日本人の読解力は危機的状況なのでしょうか。また、読解力を身につけるにはどのような方法があるのでしょうか。本書ではその点を考えていきましょう。

2020年　11月

池上　彰

社会に出るあなたに伝えたい　なぜ、読解力が必要なのか？◉目次

第2章　情緒と論理ふたつを使いこなそう

1　高校の国語教科書は「教養の書」

2　数学も読解力を伸ばす！

第3章　読解力にとっていちばん必要なもの

第4章　読解力はいつでもどこでも伸ばせる

1「書いて鍛える」

2「聞く」と「伝える」で鍛える

第１章　読解力を伸ばすと生き方が変わる

1　PISA調査の読解力＝生きる力

国語教育がPISA調査で大転換

「はじめに」で述べたように、2018年のPISA調査では日本人の読解力の順位が低下し、大きな話題となりました。しかしそれ以前から、PISA調査の「読解力」は教育関係者のあいだで常に注目を浴びていて、日本の教育に影響を及ぼしてきました。

PISA調査の読解力についての定義は「自らの目標を達成し、自らの知識と可能性を発達させ、社会に参加するために、テキストを理解し、利用し、評価し、熟考し、これに取り組むこと」です。

ここで言う「テキスト」には、文学的文章や説明的文章などだけでなく、図・グラフ・表などの数学的な資料も含まれます。また自由記述式問題が全体の約4割を占め、「論述」で自分の考えをまとめる力にも重きが置かれています。

PISA調査において読解力は、国語という科目だけの力ではなく、あらゆる教科に通じる総合的な学力だととらえられているのです。

日本の教育関係者の多くが、それまでは「読解力」を「国語教育において、小説や評論などの文章を、正確かつ詳細に読む力」だと狭義の見方をしていました。いわば「読解力＝国語の点数」という程度の認識だったのです。このため、このＰＩＳＡの読解力の定義には教育関係者たちのあいだに驚きが広がりました。

ＰＩＳＡ調査は２０００年から３年おきに実施されています。第１回調査において、日本の読解力の順位は32ヵ国中８位で５２２点でした。しかし第２回の２００３年は40ヵ国中14位で４９８点と、ＯＥＣＤ平均程度まで低下しました。これは教育関係者たちから「ＰＩＳＡショック」と呼ばれ、国を挙げてさまざまな対策が行われることになりました。

文部科学省は２００５年に「読解力向上プログラム」をとりまとめました。また当時の第一次安倍内閣は２００６年に教育再生会議を立ち上げ、「脱ゆとり教育」として学習指導要領を改訂し、削減されていた授業時間数や学習内容を再び増やすことを決めました。

２００７年からは、全国の小学６年生と中学３年生全員を対象とした「全国学力・学習状況調査（全国学力テスト）」を始め、ＰＩＳＡの傾向を意識した問題を出題しています。さらに２０２１年に始まる「大学入学共通テスト」のプレテストの内容も、複数の文章や資料を提示し、それらを比較・引用しながらの情報処理を求めている点などに、ＰＩＳＡの影響が見られます。

実は日本の読解力急落は間違い？

２０１８年ＰＩＳＡ調査では、日本の読解力の順位が「過去最低」の15位へと「急落した」と報じられました。しかし順位ではなく点数に着目すると、読解力が「急落」とまでは言えないのではないか、と私は思います。

文部科学省と国立教育政策研究所がまとめた報告書にも書いてあることですが、ＰＩＳＡ調査は日本の高校1年生全員を対象にした「全数調査」ではなく、一部の人だけを選んで調べる「標本調査」のため、今回の調査対象者の平均値は一定の幅をもって考える必要があります。そうすると５０４点で15位の日本は、５０６点で11位のスウェーデンおよびニュージーランドから、４９８点で20位のドイツまでのあいだで、統計的な有意差はないのです。

日本のメディアには文系人間が多いからか、「統計的な有意差」などの数学的考え方に弱く、順位などに過敏に反応するきらいがあります。

たとえば、テレビ局の人たちの視聴率に対する反応も同様です。土曜日の夜にテレビ朝日系列で放送している「池上彰のニュースそうだったのか!!」が、世帯別の視聴率で10・３％

をとったある日、裏番組の日本テレビ系列「世界一受けたい授業」は10・4％でした。

そうするとテレビ朝日の人たちは「負けた」と言います。しかし実際には視聴率も標本調査ですから、０・１％どころか１％の差であっても統計上の有意差はないのです。視聴率が９・９％となると、テレビ局の人たちはみんな大いに悔しがります。ですが、同じく９・９％と10・０％では、有意差はなく誤差の範囲なのです。

統計学を理解していれば全然騒ぐことはないのですが、有意差という概念が苦手な人たちはいます。まあ、そうは言っても９・９％よりは10・０％のほうが気分はよいことはたしかです。

とはいえ、読解力が上がっているとは言えませんし、少々低落傾向には見えます。２００３年と２００６年の「ＰＩＳＡショック」からのさまざまな取り組みによって読解力は向上し、２０１２年には５３８点と、65ヵ国・地域で４位、ＯＥＣＤ34ヵ国中では１位をとっていました。そのころと比べれば、若干落ちているのは確かです。

パソコンの有無で学力に差が

ＰＩＳＡ調査の読解力の順位が、２０１２年をピークに15年、18年と下がりつつあることの要因として、実際に「読解力」が落ちたという以外の要因も絡んでいるのではないか、と指摘する専門家たちもいます。

ＰＩＳＡは２０１５年から、パソコンの画面で問題を読み、解答する方式に変わりました。パソコンの画面をスクロールし、画面を切り替えながらいろいろな図表を見て、マウスとキーボードを使って、問題に答えます。

これに対して、日本は学校の授業でデジタル機器をほとんど利用しておらず、子どもたちがパソコンに不慣れであることが影響したというのです。

２０１８年ＰＩＳＡ調査において、授業でデジタル機器を「利用しない」と答えた割合は、国語83・０％（ＯＥＣＤ平均48・２％）、数学89・０％（同54・４％）、理科75・９％（同43・９％）で、いずれもＯＥＣＤ加盟の37ヵ国で最も高い数値です。日本は他の先進国に比べて教育のＩＣＴ（情報通信技術）化がいちばん遅れているのです。

２０２０年のコロナ禍でも、学校でのオンライン授業がほとんどと言っていいほどできないという事態が露呈しました。文部科学省の４月16日時点の調査によると、休校中または休校予定の１２１３自治体の公立小学校、中学校、高校、特別支援学校のうち、デジタル教材を使っている学校は全体の29％で、同時双方向型のオンライン指導を行う学校はわずか５％

でした。教育現場のICT整備は10年以上前からその必要性が叫ばれていましたが、一向に進んでいなかったことが明らかになりました。

さらに、自宅にパソコンがない生徒が増えています。2018年のPISA調査のアンケートで、「自宅にノートパソコンがあり、それを使う」と答えた高校1年生は全体の35％にとどまっています。これはOECD加盟国中で最低です。

さらに大学生ですら、最近はパソコンを持っていない学生が増えています。スマートフォンが進化し、スマホで何でもできるからパソコンはいらない、と考える学生が多いのです。そういう人はレポートもスマホの「フリック入力」で書くのだそうです。フリック入力とは、スマホの画面上で指を素早く滑らせたり弾いたりして文字を入力する方法のことです。

コロナ禍による4月からのオンライン講義への切り替えで、パソコンを持っている学生が少ない大学では、学生に3万円から10万円程度を大学が支給して、パソコン購入を促したところもありました。

作家で元外務省主任分析官の佐藤優（まさる）氏は、現在同志社大学で客員教授を務めています。それでわかったこととして「大学生はパソコンを持っているか持っていないかで、有意に学力差がある」のだと述べていました。

優秀な学生はパソコンを持っていて、パソコンで長い文章を読んだり書いたりしている。一方、それができないスマホしか持っていない学生は、明らかに学力が低いのだそうです。現在9つの大学で講義を行いさまざまな大学生を見てきた私も、この見解には大いに賛同しました。

大学生でパソコンに慣れておかなければ、社会人になってからもっと苦労します。最近の新入社員にはパソコンを使えない人が結構いて、ワードやエクセルといった基本的なオフィス向けソフトが使えない、ローマ字入力でのタイピングができない、メールの送り方がわからないといった人が増えているそうです。

笑い話のようですが、「40代の悲哀」というエピソードがあります。現在の40代が新入社員だった1990年代半ばごろから、職場にパソコンが普及し始めましたが、上司たちがパソコンを使えなかったので彼らが使い方を教えていました。中間管理職になった今は、若い社員たちがパソコンを使えないので、今度は若手にパソコンの使い方を教えている、と。笑えない笑い話です。

2　読解力と忖度力との違い

変質してしまった忖度の意味

ＰＩＳＡ調査における読解力は「書かれたテキスト」を「理解し、利用し、熟考する能力」とされますが、ここで私が考える定義をご紹介しましょう。

読解力とは、テキストのみならず「**自分以外の他者、直面した状況などの多岐にわたる『相手』のことを「正しく理解する力」**」というものです。正しく理解するためには、まず事実に基づいて自分なりに考える必要があります。

「相手を正しく理解する力」がとりわけ高い人として、東京大学法学部を優秀な成績で卒業したエリート官僚たちのことを思い浮かべる読者もいるかもしれません。長期政権を敷いた安倍晋三前首相に仕えたエリート官僚たちの「忖度力」が、近年話題となりました。

「忖度力」と「読解力」とは、どう違うのでしょうか。

「忖度」は、紀元前6世紀ごろまでの詩歌を収めた中国最古の詩集「詩経」にも出てくる古い漢語で、辞書的な意味は「他人の心をおしはかること。また、おしはかって相手に配慮すること」です。日本では「森友問題」で一躍脚光を浴び、2017年、「ユーキャン新語・流行語大賞」の年間大賞に選ばれました。

森友学園の籠池泰典(かごいけやすのり)理事長が、財務省近畿財務局と国有地の売却について交渉する際、安倍昭恵首相夫人との交流を強調することで約8億円も値引きしてもらった疑惑に関して、「(安倍首相夫妻は)口利きはしていない。(財務省の官僚の方々が、夫妻の意向を)忖度をしたということでしょう」(肩書きはすべて当時)と述べたというものです。

読解力と忖度力は、一見似たような意味を持ちそうですが、森友問題を経た現代日本ではまったく違います。忖度力とは、相手に配慮することでその先にある「自分にとっての目先の利益」を素早く見つける力、とも言えるのではないでしょうか。

模範解答が忖度の温床に

学びの場における忖度力とは、「先生や出題者は、どんな答えを求めているのか」と考え、マルをもらえる答えを見つける力です。

一方で学びの場における読解力とは、「この文章は何を意味していますか」などと問われたときに、文章などの事実に向き合って、相手の言おうとしていることを自分なりに一生懸命考え、正しく解釈する力です。**忖度力と読解力は、似て非なるものなのです。**

しかし日本の教育現場では、出題者の求める答えを推測する力、すなわち「忖度力」を重視しているのではないかと思われる場面に出くわすことが多々あります。

特に「自由に意見を述べよ」「自由に感想を述べよ」といった設問においては、自由すぎる解答、たとえばあまりに飛躍した答えだったり、論理的には間違っていないけれども常識的にはどうかという答えだったりは、残念ながら先生からよい点をもらえません。先生も答えがひとつではない中で点数をつけないといけませんから、いきおい「いわゆる模範解答」に点数をつけてしまいます。生徒たちは高得点をとるために、その模範解答を忖度して書いてしまうのです。

２０２１年からセンター試験に代わって行われる「大学入学共通テスト」は、ＰＩＳＡ調査のように国語や数学に記述式問題を取り入れることが目玉とされていましたが、全国約50万人の受験者の多様な解答を約20日できちんと採点できるのか、と大いに問題となり、最終的に導入は当面見送られることとなりました。

これに関して、東京大学の安藤宏教授（国文学）は、こういった実施面での課題はもとより、本質的な問題があると指摘されています。プレテストで示されたモデル問題がそもそも

「生徒があらかじめ学校側の意向を忖度できる能力が問われている」ものだ、と問題提起をされているのです。

2017年11月に施行されたプレテストの「第1問」では、「青原高等学校」の生徒へのアンケートで「部活動の終了時間を延長してほしい」などの要望が出たことを受けて、生徒間で行われた討論の内容が紹介されます。その上で、ある生徒の発言「(部活動の終了時間の延長には)課題もあると思います。」に続くセリフを書け、という問題でした。

この記述式問題には細かな但し書きもあり、「二文目は『しかし』という書き出しで、部活動の終了時間を延長するという提案がどのように判断される可能性があるか、具体的な根拠と併せて示すこと」とされました。

資料として「青原高校新聞」の過去記事があり、ある先生の「延長を認めた場合、生徒の下校が集中する時間帯の安全確保に問題が生じる」という発言が記されているため、これを具体的な根拠として解答させようとしている出題者の意図が感じられます。

この設問について安藤教授は、『判断される可能性があるか』という時の『判断』の主体はおそらく学校なのだけれども、そのあたりは巧みにぼかされているわけです。これはいわば誘導尋問とも言うべきもので、自由記述の概念からはほど遠い。本来民主主義は多様な意見の対立の総和として成り立つべきものだと思うのですが、ここでは最初から最大公約数的な意見を予想し、先取りするバランス感覚が求められている。『公共』の名のもと、同一の穏当な意見を持った学生を大量生産することがめざされているわけです」と指摘しています（『ことばの危機　大学入試改革・教育政策を問う』安藤宏ほか共著、集英社新書）。

これぞまさしく「国語の読解力」が「忖度力」とすり替えられた典型例と言えるでしょう。自由記述式問題という枠組みで、全国約50万人の受験生に「前例をもとに、相手の意向を忖度」させようとしていると考えれば、そら恐ろしく感じるのではないでしょうか。この出題内容や、解答条件自体に違和感を覚える「鋭い」生徒は、解答できないのではないでしょうか。

このように国語や社会などの文系科目には、自由記述式問題、作文、読書感想文、小論文など、忖度力の温床となりがちな場面が多々見受けられます。理系科目は事実が事実としてあるため、忖度する余地がほとんどないのとは対照的です。

こうした「解答者に忖度力を求めてくる問題」に慣れた「できる子」は、小学生のころから、出題者が解答者に求めている答えを瞬時に察知することができます。すると先生の覚えもめでたく、成績もよくなります。忖度すれば褒められる、と学んだ子どもは、結果的に忖度力を鍛えていきます。

さらに「受験用の問題の解き方」として、読解力よりも忖度力を推奨している人たちすらいます。大学入試の国語の試験勉強では、「題材として採られた文章を初めに読むのではなく、先に設問を読んで何を問われているか頭に入れてから、文章を読め」という指導が存在しています。

さらにセンター試験などの択一式テストへの対策ともなると、まず設問を読み「常識で考えて明らかにおかしいと思われる選択肢から除外していく」という方法まで浸透していますす。出来の悪い設問は、本文を読まなくても答えがわかるそうです。

限られた試験時間の中で効率よく解答するためのテクニックではありますが、そういう指導を受けていると、本文をちゃんと読んでじっくり考えるということをしなくなっていきます。これでは読解力がつくわけがありません。

このテクニックはつまり、文章の意味や著者の意図をテキストベースで読み取っていくのではなく、テストの出題者の意図を推理しているということです。これでは忖度力が身につくばかりです。忖度力のついた人が、東京大学文科I類に合格し、法学部を出て官僚になり、総理大臣の意図を忖度してお気に入りに上り詰める。受験テクニックが、ひいては森友・加計問題につながっている気さえします。

拾い読みから炎上やデマが起きる

SNSでは、ちょっとした文章でもすぐに「炎上」してしまいます。炎上とは、インターネット上での失言などに対し、非難や中傷の投稿が多数届き収拾がつかなくなることです。

書き手のほうに言葉足らずな部分がある場合もありますが、読み手が勘違いしていたり曲解していたりして、読解力がないなと感じるケースもよくあります。元の文面を見ると書き手には特に落ち度がなく、「読み手がそういうふうに間違ってとらえてしまった気持ちもわからなくはないけれど、そりゃひどい解釈だな」と思うことがたびたびあるのです。

数学者で『AI vs. 教科書が読めない子どもたち』（東洋経済新報社）の著者である新井紀子さんは、今の子どもたちはキーワードだけを拾い読みしているので、ある文章を受身形にして文意を真逆にした文章を、元の文章と同じ内容だと誤解する子が多い、と述べています。

例題を引用しましょう。次の2文が表す内容は、「同じである」か「異なる」か、どちらでしょうか。

・幕府は、1639年、ポルトガル人を追放し、大名には沿岸の警備を命じた。
・1639年、ポルトガル人は追放され、幕府は大名から沿岸の警備を命じられた。

答えはもちろん「異なる」です。2文目は受身形に変わっているので、主語が「幕府は」のままではダメなのです。しかしこの問題の中学生の正答率は57%で、新井さんは「(この問題は)二択ですから、コインを投げて裏表で解答しても50%正解します。ということは、中学生の正答率はほぼコイン投げ並みだということです」と深刻にとらえています。

SNSで炎上の元になる「誤読」も、同じメカニズムだろうと思います。キーワードだけを見ていて丁寧に読んでいない。あえて否定的な言い方をしていたり、反語だったり、諧謔(かいぎゃく)、自虐的、単なるたとえ話、といった文意が読み解けないのです。きちんと読まず、深く考えず、自分の思い込みで反射的に返信しているようです。

読み手は返信する前に、「この人はなぜこんなことを書いたんだろうか」と、ちょっと立ち止まって考えてほしいと思います。

たとえば2019年、テレビ番組でコメンテーターを務めているパックン(パトリック・

ハーラン）さんが、韓国が東京五輪で「会場への旭日旗の持ち込みを禁止してほしい」と国際オリンピック委員会（ＩＯＣ）に対して要請したというニュースに関連して、「ナチスのマークだったハーケンクロイツ（鉤十字）を目にして嫌な思いをする人がいるように、大日本帝国の旗だった旭日旗を見て嫌な思いをする人がいるなら、『おもてなし』のつもりで配慮してもいいのでは」という趣旨のコメントをしました。

するとこの番組を見て勘違いをしたあるコラムニストが「パックンが『日本はホロコースト（大虐殺）をやったドイツと同等』と発言した」と新聞に寄稿し、それがツイッターでどんどん拡散されて大炎上したそうです。

パックン自身はそういう意味ではなく、「人に嫌な思いをさせることはしないほうがいい」という趣旨のたとえとしてハーケンクロイツを出しただけだった、とこの炎上騒ぎに呆れていました。

炎上同様、ツイッターで他人の投稿を引用して発信する「リツイート」に関しても、リツイートボタンをクリックする前にちょっと立ち止まって考えてほしいと思います。このリツイートによって、近年、デマが拡散しやすくなっており、身に覚えのないことで深刻な被害を受ける人が後を絶ちません。

ツイッターのリツイート機能を開発した人物、クリス・ウェザレル氏は「（リツイートは）人類には早すぎる機能だった。4歳児に装弾した銃を与えたようなものだ」と後悔したと伝えられています。

みんな忙しくなって、立ち止まることが面倒くさくなっている風潮がありますが、キーワードだけを見て反射するようにクリックしてはいけません。どんな意味なのか、出典は確かなのか、立ち止まって丁寧に読み、ときに疑ってみましょう。それこそが読解力です。

これまでの時代は、小耳に挟んだことをクチコミで伝え合っていたので、広がるまでに時間がかかっていました。ですが今はＳＮＳがあるので、瞬時に広がってしまいます。

ツイッターはリツイートボタンをクリックするだけで拡散できます。さらに拡散する人たちの多くが、「いいことを聞いたから教えてあげたい」という善意で拡散しているのもミソです。「地獄への道は善意で敷き詰められている」というヨーロッパの有名な格言がありま す。まさにそのとおり。だからかえって始末が悪いという面があります。受け取った側も、親しい人が私のために善意で知らせてくれたんだろう、だから本当のことだろう、と信用してしまいます。

デマが急速に社会パニックに発展

炎上やデマなどが頻発し、人々のインターネットリテラシーがまだまだ高くないという状況は、日本に限ったことではありません。

トランプ大統領が選ばれた2016年のアメリカ大統領選では、「ピザゲート事件」が起きました。トランプ氏の対抗馬であったヒラリー・クリントン氏が、児童の性的虐待と人身売買をしている、というデマ、フェイクニュースがSNS上で出回ったのです。

そのうちワシントンのとあるピザ店の地下が児童売買の拠点だという話になり、ピザのメニュー表はすべて暗号で、これは何歳の男の子で、これは何歳の女の子を指す、などという妄想がどんどんネット上で広がっていきました。

そしてこの噂を真に受けた人物が、銃を持ってそのピザ店に行き、発砲したのです。幸いけが人は出ませんでしたが、嘘のような本当の話です。銃を撃つほどに、だまされてしまう。これも、じっくり考えていないから短絡的な行動に出るということ、親しい人からの情報では噂も信じ込んでしまうということが背景にあります。

もちろん、デマが流れてしまうのは今に始まったことではありません。「豊川信用金庫取り付け騒ぎ」という事件があります。1973年12月に愛知県の小坂井町（現・豊川市）で起きました。

電車の中で女子高校生3人が話をしていて、そのうちのひとりが「豊川信金に就職が決まったの」と言ったところ、それを聞いたふたりが「えー、信用金庫なんて（強盗とか）危ないわよ」と冗談を言いました。そこで就職が決まっている女子高校生が、その夜親戚に「信用金庫って危ないの？」と訊ねたところ、親戚は経営状況のことと判断し、信用金庫の近くに住む親戚に問い合わせ、それが何人かに伝播していく中で「豊川信金は倒産する」という噂になっていきました。

その中のある人が、たまたま見知らぬ人の「豊川信金でお金をおろしてきて」という電話での会話を聞きました。仕事に必要なお金を引き出すというだけの話だったのですが「豊川信金って本当に経営が危ないらしい」と勘違いをし、知り合いに片っ端から電話をして、「危ないらしいから、預金していたら引き出したほうがいいよ」と伝えていきました。結果として、人々が豊川信金に殺到してお金を引き出すというパニックが起き、短期間に20億円もの預金が引き出される騒ぎになりました。

この背景には、オイルショックによる不景気で、同年11月にはかのトイレットペーパー買い占め騒動が発生するなどの社会不安が存在していて、デマが流れやすい状況だったというものがあります。

またこの7年前には、隣町の豊橋市で金融機関「中日本産業」が倒産したという出来事がありました。知り合いに電話をかけ続けた人物は、この倒産で預金を失った被害者のひとりで、善意で噂を広めたことがその後の警察の捜査でわかっています。

2020年のコロナ禍でも、「トイレットペーパーなどの紙製品は中国製で、マスクのようにまもなく品薄になる」というデマが流れ、全国で品切れが続出する事態が起きました。実際は、トイレットペーパーは約98%が国内製造であり、在庫は十分にある状況だったのにもかかわらずです。

安倍前首相が、全国すべての小・中学校と高校に翌週から臨時休校を要請すると発表した2月27日前後の出来事で、新型コロナウイルスが、日本に住む私たちの生活にもいよいよ影響を及ぼし始め、緊張感が高まってきた時期のことでした。

社会不安があるとデマが流れやすくなるということは、「豊川信用金庫取り付け騒ぎ」が起きた昭和の時代も、約半世紀後の令和の時代も変わりませんね。しかしデマの広がるスピードと範囲は、以前とは比べものにならないほど早く広くなっているのです。

3 読解力で仕事に差がつく

ニーズを読み解き成功した人々

「読み解く力」があれば、「はじめに」でご紹介した星野リゾート代表の星野佳路さんのように、客の要求を読み解くなどして、ビジネスを成功させることができます。

ソニーを世界に知らしめた世界初の携帯音楽プレーヤー「ウォークマン」は、ソニー創業者のひとりで当時名誉会長だった井深大（いぶかまさる）さんの何気ない一言から生まれました。

1960年代後半から、音楽を録音・再生できるカセット式テープレコーダーが登場していましたが、持ち運びができない重さのものばかりでした。そこでアメリカ出張を控えたある日、井深さんが「また出張なんだが、再生だけできるような軽いものを作ってくれんかな」と商品開発陣に個人的なお願いをしたのです。

録音機能がないレコーダーなんてと社内で開発に疑問を持つ人もいたようですが、軽量化された完成品は井深さんのお気に入りとなりました。それを借りた、同じくソニー創業者で当時会長だった盛田昭夫さんは「一日中音楽を楽しんでいたい若者の願いを満たす製品だ」

と、再生専用機として商品化することを思いつき、1979年、ウォークマンが誕生しました。

　井深さんの個人的ニーズは、きっと他の人々にも当てはまるはずだと盛田さんが読み解いたことで、音楽を聴きながら町を歩くという、今では当たり前の風景が誕生したのです。

　回転寿司の「無添くら寿司」創業社長の田中邦彦さんは、1984年に回転寿司業界へ参入しました。開業当初からネタにこだわった寿司を1皿100円で提供していましたが、店に来るのはサラリーマンばかりでした。

　そこで、田中さんの奥さんが「どれだけ食べたか、隣の人や板前さんに全部わかるなんて、女性には抵抗がある」とつぶやいたことをヒントに、女性客の需要を読み解き、回転寿司店に初めてファミリーレストラン型のボックス席を取り入れました。また、寿司皿を回収ボックスに入れてもらうことで5皿ごとにゲームを楽しめる「ビッくらポン！」システムを開発するなど、先進的な取り組みで急成長を遂げました。

　化粧品や健康食品のメーカー「ファンケル」創業者の池森賢二さんも、くら寿司の田中さん同様、**妻の思いを読み解いてビジネスを成功させました。**

　兄のクリーニング店で深夜まで働いていたある日、妻の顔にたくさんの吹き出物ができていたことに気づきます。ちょうどそのころ、昭和50年代には「化粧品公害」が社会問題となっていました。

友人である皮膚科の先生に話を聞きに行くと、「患者の70％が化粧品による接触性皮膚炎の患者なんだ」と教えてくれました。次にたずねた化粧品技術者から、「未開封であれば1ヵ月なら防腐剤などの添加物を入れなくても品質は傷まない」という情報を得ます。そこで1ヵ月以内で使い切れる小さな容器に入れた、無添加の洗顔料や化粧水などを開発し、1980年に起業したのです。

顧客の心情を読み違え信用失墜

成功例もあれば、失敗例もあります。近年、顧客の心情を大きく読み違えてしまい、ネットでも大炎上したのが、「リクナビ問題」を引き起こしたリクルートキャリアです。

2019年7月、就職情報サイト「リクナビ」を運営するリクルートキャリアが、サイトを利用する学生の各種データを使って「内定辞退予測率」をＡＩで計算し、本人の承諾なしに企業に販売していたことが発覚しました。同社はプレスリリースを出して謝罪し、経緯と改善策を説明しましたが、謝罪会見は開きませんでした。

そのような状況でリクナビを利用していた学生たちから、このＡＩによる予測率が自分たちの採否判定に使われていたのではないか、という批判が巻き起こり、ＳＮＳで大炎上をしたのです。

つまり、「この学生は内定を辞退する確率が高いですよ」とＡＩに示されたら、企業側が「辞退されそうならば、最初から不採用通知を出そう」と判断をするのではないか、という危惧です。内定辞退予測率を勝手に計算されて勝手に販売されていれば、そう読み解くのは自然でしょう。

問題発覚から1ヵ月近くが経ち、騒ぎが大きくなった末にようやく記者会見を開いた小林大三社長は、「問題は学生の皆様の心情に対する配慮不足と経営のガバナンスにあった」と反省の弁を述べています。こんなことをされたら当事者がどう思うか、その心情への思いやりが、このときのリクルートキャリアという会社には足りなかったのです。

第２章　情緒と論理ふたつを使いこなそう

1　高校の国語教科書は「教養の書」

読解力の基礎となる小説と評論

国語の教科書は、小説などの情緒的な文章と、評論などの論理的な文章の両者がバランスよく掲載されています。大人になって改めて読むとまさしく「教養の書」と言えます。いずれの教科書についても、現代日本に生きる人間として読んでおくべき文献を、編集者が集めてくれているという印象です。

高校の共通必履修科目の「国語総合」で、2019年度の採択冊数1位（16万4778冊、占有率13・2％）の教科書は東京書籍『新編国語総合』で、2位（13万7610冊〈※全分冊分の計〉、占有率5・5％）の教科書は東京書籍の『国語総合　現代文編』です。

1位も2位も、同じ東京書籍という会社の教科書ですが、共通して載っている作品は芥川龍之介「羅生門」のみでした。同じ著者の作品に関しては、鷲田清一はふたつの教科書に異なる評論がそれぞれ掲載されています。福岡伸一は1位の教科書には随想が載っていて、2位の教科書には評論が載っています。

採択冊数2位の『国語総合 現代文編』は、古典編が分冊されているということもあり、1位の教科書よりも現代文の作品が多めに載っています。村上春樹、川上弘美らの小説に加え、詩歌は茨木のり子「自分の感受性くらい」、中原中也「汚れつちまつた悲しみに……」、吉野弘「I was born」など、随想は梯久美子「少女たちの『ひろしま』」などが掲載されています。さらに評論では國分功一郎、宇野重規、内田樹など当代随一の人々の文章をずらりと載せています。

自分自身が高校生のころを顧みると、どうしてこんな教科書を読まされなきゃいけないんだと思ったことは正直ありましたが、人生経験を積んだ今になって読むと、教科書のすごさがよくわかります。相当高度なレベルの文章ばかりで、これを読みこなせたら大変な教養人だと言えるでしょう。

佐藤優氏と私の共著『人生に必要な教養は中学校教科書ですべて身につく』(中央公論新社)において、佐藤氏は「(中学3年生までの義務教育レベルの国語学習を完璧に理解すれば、日本語の読解力は)大学の高等教育もそれで足りるし、社会に出ても十分耐えうるレベル」と話しています。高校国語の教科書は、基本的読解力を身につけた上で、教養を養うための存在なのです。

教科書は全国にある教科書供給所で販売しています。一部の大手書店でも購入できます。ぜひ大人になった今こそ改めて読んでみてほしい書物です。

論理重視、文学軽視の流れ

ただし、2022年度からの高校新学習指導要領では、国語の科目編成が細分化されることになっています。高校1年生の必修科目が「現代の国語」と「言語文化」(古典＝古文、漢文)となり、高校2、3年生での選択科目が「論理国語」「文学国語」「古典探究」「国語表現」になります。

この改革の要点は、「現代の国語」「論理国語」が実用的な文章と論理的な文章を扱い、「言語文化」「文学国語」が文学的な文章を扱う、とされている点です。これまで国語の教科書には、小説も詩歌も随想も評論も載っていましたし、古典も同じ教科書に掲載されている場合がありました。2022年度からは科目が別になるため、小説と評論は教科書も別々になることでしょう。このように細分化することが果たしていいのかどうか、議論が起きています。

さらに受験対策として、「文学国語」を履修しない学校が増えるのではないかとも予想されています。

これは、読解力が教育現場において「論理的な文章を読み解ける力」だととらえられ、それをより重視するようになっていることが背景にあります。本書ではこの「論理的な文章を読み解ける力」を「論理的読解力」と呼ぶことにします。

しかし文学作品などの「情緒的な文章を読み解く力」、すなわち「情緒的読解力」も、読解力としてとても大事なものだと私は思うのです。

読解力には、「論理的読解力」と「情緒的読解力」のふたつがあるのだと考えるようになったきっかけがあります。私は現在さまざまな大学で講義を行っています。すると理系の優秀な大学生で、評論やマニュアルなどの読解力は非常に高い一方で、文学作品については「一度も泣いたことがない」「面白くない」「意味がわからない」などと言って敬遠してしまう人をちらほら見かけるのです。

情緒的読解力については、「読解力」としては軽視されているように思います。ＰＩＳＡ調査が、小説などの情緒的なテキストよりも、論理的なテキストから出題される頻度が高いということも影響したのかもしれません。しかし小説や詩、戯曲などの文学作品、フィクションを読んで、感動したり泣いたり、笑ったり、なんとも言えない思いに浸ったりする力は、人間的に成長する上では絶対に必要なことです。

人間の感覚で考えられる力

つまり情緒的読解力とは、「人間の感覚で考えられる」ということです。人間力がある、あるいは一種の共感力があると言い換えてもいいでしょう。「はじめに」で取り上げた緒方貞子さんも、まさに「人間の感覚で考えられる」力をお持ちの方でした。

この情緒的読解力を、学校教育の中で身につけようとするならば、やはり国語という教科科目の時間を使うのがいいでしょう。国語の教科書には昔からさまざまな小説が載っていて、登場人物の心情や言動の理由などを考えることで、「自分とは違う『他者』の思いや考え方」を汲みとる方法を学んできました。これこそが情緒的読解力の身につけ方なのです。

高校新学習指導要領で、「論理国語」と「文学国語」を切り離すことで小説を履修しない子どもが増えてしまい、情緒的読解力を鍛える場が失われるとすれば、これは危惧すべき事態です。あとで詳しく述べますが、高校生になると読書量がぐっと減る傾向もありますので、せめて授業では小説を読む機会を確保したいところです。情緒的読解力と論理的読解力、両者を兼ね備えるため、「小説」も「評論」も学んでほしいと思います。

情緒的読解力とは「一種の共感力」と述べましたが、「一種の」と限定したのは、共感力とまったくイコールのものではないからです。

日本語では「共感」というとき、その相手はさまざまです。自分と同じ価値観を持つ人に共感する力は、そもそも読解力が不要でたやすいことであり、情緒的読解力とはまったく違います。

ネットの世界には「エコーチェンバー現象」と呼ばれるものがあります。「エコーチェンバー」とは、音楽の録音用の残響室のこと。「SNSにおいて、価値観の似た者同士で交流し、共感し合うことにより、閉鎖的な場所で特定の意見や思想が増幅されて影響力を持つ現象」のことです。炎上やデマ拡散が起きる一因ともなっています。

たとえばネット右翼、略して「ネトウヨ」と呼ばれる人々が増長するのもこのエコーチェンバー現象の結果です。価値観の似た者同士でフォローし合うことでSNSのタイムラインを流れる意見がどんどん偏ったものになり、「これが日本国民の大多数の意見だ、これに反対する奴は反日だ」などといった思い込みが増幅されるのです。

彼らは世の中のさまざまな出来事も、自分たちの文脈だけで解釈し、新しい考え方を読み取ろうとする努力を怠るようになっていきます。するとますます自分と同じ意見の人とだけ交流し、自分と考え方や感性が違う人たちとは一切つきあわなくなります。それは楽で楽しい世界かもしれませんが、多様な人々と共存する社会に生きる人間として、いかがなものでしょうか。

情緒的読解力とは、自分とはまったく違う境遇の人、考え方が異なる人、自分がしたことのない体験をしている人に対しても共感できる力です。親の介護に苦労していたり、失業してしまったりといった人などの心を汲みとることができる力です。

たとえば読書をしていて、自分には実際にそんな経験はまったくなくても、もしもこういう状況になったら、登場人物がそういう気持ちになるのはわかるな、と感じたり、まるで自分のことのように理解できたりする力、それが情緒的読解力です。この力がつけば、自分とはまったく違う人生を歩んできた方や、いろいろな苦労を重ねてこられた方の気持ちになって話を聞くことができるようになります。

取材においても、この情緒的読解力は必要だと痛感します。

災害が起き、被災者に話を聞くというときがあります。話す側は何をどうしたらよいのかもわからない状況で、「所詮、被災していないあなたには私の気持ちなんかわかりっこない、どうせ理解してもらえない」と思うかもしれません。

そのときに取材者が、自分とは違う境遇の被災者に対して共感力を持って接することができれば、「この人はわかってくれるかもしれない。ちょっと話してみようか」と思ってもらうことができるのではないでしょうか。それがあって初めて、その方からいろいろな話を聞くことができるのです。

視野が広がる「論理的読解力」

一方で論理的読解力はどんな力かというと、相手の主張を理解する力です。また論理的読解力は、多角的なものの見方を身につけるための力であると言えます。

論理的な文章の代表格である「評論」とは、『大辞泉』によると「物事の価値・善悪・優劣などを批評し論じること。また、その文章」です。それぞれの立場の人たちが評論で論理的に世の中を分析しています。

経済学的に分析する人もいれば、社会学的に分析する人、歴史学的に見る人もいます。彼らの主張を通して、読者は自分がどういう世の中、どんな環境の中で生きているのかということを自覚することができます。その上で自らがどう生きるべきか、考えるきっかけを作ってくれているのが評論です。多角的なものの見方を身につけるために、論理的読解力は大切なのです。

高校の国語で学ぶ評論の一端をご紹介しましょう。東京書籍『国語総合　現代文編』には、哲学者の國分功一郎さんの著書『暇と退屈の倫理学』（抜粋、朝日出版社）が掲載されています。

この評論の前段では、社会が豊かになり余裕ができたからといって、その余裕を使ってやりたいことなんて人々にはあっただろうか、という問いが投げかけられます。

19世紀のイギリスの詩人・工芸家・社会改革家であったウィリアム・モリスは、このような問いに対し労働者が自由と暇を得たときに大切なのは、「その生活をどうやって飾るかだ」として、芸術を特権階級のものから、民衆の生活の中に組み込まれたものにせねばならないと主張していました。

著者はこの主張について「なんとすてきな答えだろう」と述べます。そして「人はパンのみにて生きるにあらず」というイエス・キリストの言葉を引用した上で、モリスの思想に基づき「私たちはパンだけでなく、バラも求めよう。生きることはバラで飾られねばならない」と締めています。

２０２０年、新型コロナウイルスの感染が拡大し、世界の文化産業が大打撃を受けました。ドイツ政府は3月末、「アーティストは必要不可欠であるだけでなく、生命維持に必要なのだ」「音楽家も画家も作家も、映画・音楽関係者や書店・ギャラリー・出版社も、誰もが生き残ることを望んでいる」として、最大５００億ユーロ（約6兆円）に上る大規模な支援をすることを迅速に表明しました。まさにモリスの思想を体現するかのような対応です。

一方で日本では、文化産業の提供する「娯楽」が「不要不急」の代表格のようにみなされてしまい、4月から5月の緊急事態宣言下では映画館も大規模書店チェーンも長らく閉まり、コンサートやプロスポーツの試合は続々と中止になりました。アーティストへの支援も、ドイツのようには優先順位が高くありません。

しかしこのような状況に陥ったからこそ、人間が生きる上で娯楽がいかに大切なものだったのかということが、身に染みた人は多かったのではないでしょうか。不安でたまらないときこそ、娯楽を活用して平常心を保ったという人も多かったことでしょう。

緊急事態宣言中に営業を続けた書店では、売り上げが前年比１１０％となりました。マンガ『鬼滅の刃』（吾峠呼世晴、ジャンプコミックス）が大ヒットし、売れに売れました。また動画配信サービスＮｅｔｆｌｉｘで韓国ドラマ『愛の不時着』にハマる人も続出しました。新型コロナウイルスの感染爆発を阻止するためにステイホームが呼びかけられ、自粛生活が始まらなければ、『愛の不時着』もここまではヒットしなかったかもしれません。『暇と退屈の倫理学』は、コロナ禍によって文化・娯楽のありようを突きつけられた今の私たちの心に響く評論です。

多角的なものの見方を身につける

福岡伸一「生物の多様性とは何か」も、まさにウィズコロナ時代に読むべきものでした。ウイルスなんてこの世からなくなればいいのに、と思いますが、ここでは「動的平衡」、つまり常に動き続けることでバランス＝恒常性を保つことができるのだ、そして地球環境という動的平衡を保持するために生物多様性こそが必要だ、と説かれています。

私たちがウイルスとともに生きていかざるを得ない理由が、この評論によってよくわかります。ある種の諦めもつきます。地球環境と人間の共存についてどうすればいいのか、まさに考えるきっかけとなる評論です。

また最近は「ＳＤＧｓ（Sustainable Development Goals）＝持続可能な開発目標」という言葉を目にする機会が増えました。ＳＤＧｓは２０１５年９月の国連サミットで採択された、国連加盟１９３ヵ国が２０３０年までに達成すべき17の目標と１６９のターゲットです。14番の「海の豊かさを守ろう」、15番の「陸の豊かさも守ろう」などで、地球環境の保護も目標として設定されています。

２０２０年、新型コロナウイルスの感染拡大防止のため、4月17日時点で１１０ヵ国・地域の約45億人が「ロックダウン」（都市封鎖）や外出禁止令、自宅待機要請などの対象となりました。そうして人間の社会経済活動が止まったところ、世界各地で水質汚濁や大気汚染が軽減したことが話題になりました。

イタリアのベネチアでは濁っていた運河が透き通って水の底が見えるようになり、インド北部のパンジャブ州では数十年ぶりに約２００㎞先のヒマラヤ山脈がはっきりと見えるようになりました。ＰＭ２・５の影響で呼吸器系の疾患を持つ人が多く、空も白くかすんでいた中国・北京でも、新型コロナウイルスの流行が国内で本格化した1月下旬から2月にかけては、青空の広がる日が続きました。人間が活動を止めると、こんなにも地球環境がよくなるのだということが改めてわかった出来事でした。

評論を、身の回りの問題や出来事、自分の内面などと結びつけながら読み解いていくことで、多角的なものの見方を身につける訓練ができるのです。

過激組織の取材で役立った力

ジャーナリストという仕事をしている私の場合、まったく共感できない人、あるいは共感する必要のない人に取材をすることもあります。そのときは論理的読解力の出番と言えるでしょう。**相手の思想や立場、自分の思想や立場のことはいったん横に置いて、純粋にただ相手の主張を虚心坦懐に聞き、理解します。「話を聞かせてください」という姿勢で臨みます。**

たとえば2019年、北アイルランドの過激派の広報担当者にインタビューをしたことがありました。

北アイルランドとは、アイルランド島にあるイギリス領です。日本でイギリスと呼んでいる国の正式名称は「グレートブリテンおよび北アイルランド連合王国」といい、グレートブリテン島にある「イングランド」「ウェールズ」「スコットランド」とアイルランド島の「北アイルランド」という、4つのカントリー（国）で構成されています。アイルランド島南部にはアイルランドという独立国があります。

1801年、アイルランドは全島がイギリスに併合されましたが、イギリス国教会（プロテスタント系）を信仰するイギリスにおいて、カトリック系の多いアイルランド人は差別を受け、経済格差にもつながりました。19世紀後半からアイルランドの自治権獲得運動が続き、１９３７年に南部がイギリス連邦から離脱して独立する一方、北部は北アイルランドとして残留しました。

その後、北アイルランドでは、イギリスの統治を望むプロテスタント系住民と、アイルランドとの統一を求めるカトリック系住民が対立し、１９６０年代後半からカトリック系のＩＲＡ（アイルランド共和軍）によるテロが始まります。３０００人を超える犠牲者が出ました。１９９８年に包括和平合意が成立したものの、暴力事件や暴動はいまだ起きています。

ＩＲＡは和平に応じましたが、その方針に反発して飛び出した「新ＩＲＡ」の広報担当者へインタビューした際、まったくの素人を装って、「どうしてアイルランドと一緒になりたいんですか」と素朴な質問から始めました。

そうすると向こうは、こいつは何も知らないな、と逆に一から説明してくれます。これは北アイルランド問題を知らない視聴者のために、基本中の基本から話してもらいたい、という意図による質問です。

そうしてある程度、「自分たちはテロリストではない」という相手の主張を聞いたあとで、おもむろに「でも、目的を達成するためだったら何をやってもいいんですか」と挑発的な質問をしました。相手はつい「当たり前だ。目的達成のためなら何をやったって構わないんだ」と本音を漏らしてしまいました。

最初からその質問をぶつけてしまうと、喧嘩別れをしたり、話が聞き出せなくなってしまったりしますので、最後の最後まで反論はとっておくという技法です。

自分の主義主張をいったん置いて、まったく違う立場の人の主張に向き合う。そんなときにも、論理的読解力は役立ちます。

メルケル首相に見る情緒的読解力

一方、政治家には、不特定多数の国民や市民という、立場が違う多くの相手への共感力、すなわち情緒的読解力が必要です。ドイツのメルケル首相が2020年3月18日、新型コロナウイルスの影響でロックダウンをする際に国民に向けて行ったスピーチは、彼女の共感力が伝わる内容で、支持率が大幅に回復する結果となりました。

「日常生活における制約が、今すでにいかに厳しいものであるかは私も承知しています。イベント、見本市、コンサートがキャンセルされ、学校も、大学も、幼稚園も閉鎖され、遊び場で遊ぶこともできなくなりました。連邦と各州が合意した休業措置が、私たちの生活や民主主義に対する認識にとりいかに重大な介入であるかを承知しています。これらは、ドイツ連邦共和国がかつて経験したことがないような制約です。次の点はしかしぜひお伝えしたい。こうした制約は、渡航や移動の自由が苦難の末に勝ち取られた権利であるという経験をしてきた私のような人間にとり、絶対的な必要性がなければ正当化し得ないものなのです。民主主義においては、決して安易に決めてはならず、決めるのであればあくまでも一時的なものにとどめるべきです。しかし今は、命を救うためには避けられないことなのです」（ドイツ大使館総領事館ＨＰ）

と、東ドイツ出身のメルケル首相が訴える姿は、ドイツ国民だけでなく世界中の人々の心を打ちました。さらにメルケル首相は医療従事者への感謝とともに、次のようにも述べました。

「さてここで、感謝される機会が日頃あまりにも少ない方々にも、謝意を述べたいと思います。スーパーのレジ係や商品棚の補充担当として働く皆さんは、現下の状況において最も大変な仕事の一つを担っています。皆さんが、人々のために働いてくださり、社会生活の機能を維持してくださっていることに、感謝を申し上げます」（同掲ＨＰ）

医療従事者への感謝の言葉は多くのリーダーが口にしました。新型コロナウイルスに自身が感染する危険を顧みず、患者のために力を尽くしてくれている医師や看護師や検査技師などの医療従事者への感謝は、思いつくことができます。

しかしスーパーマーケットで働いている人が、ここに新型コロナウイルス感染者が来たら自分は感染するかもしれない、という危険と隣り合わせで仕事をしてくれているということにいち早く気づけるのが、メルケル首相のすごみです。いつも自分でスーパーマーケットに行き、買い物をしてきた経験があるからこそ気づけるのでしょう。

ニュージーランドのアーダーン首相も、自分の言葉で率直に国民へ語りかけるスピーチで支持率を上げました。3月25日、非常事態を宣言し翌日から厳しいロックダウンを始めることを説明するため、アーダーン首相は記者会見を行い、

「あなたは働かなくなるかもしれません。でも、仕事がなくなったという意味ではありません。あなたの仕事は命を救うことです」

「人に優しく。家にいましょう。そして、感染の連鎖を断ち切りましょう」

などと語りかけました。

さらに数時間後、封鎖中のルールについて人々から寄せられた質問に答えるべく、アーダーン首相はトレーナー姿で自宅から動画の配信を行い、

「カジュアルな格好でごめんなさい。子どもを寝かしつけたところで」

と切り出しました。首相として、母親として奮闘する姿を率直に見せることで、国民は「ああ、この人も自分たちと同じ目線を持った、生活人なんだな。一緒に頑張ろう」と考えることができます。

彼女たちの真逆を行ったのが、日本の安倍晋三前首相でした。４月７日の緊急事態宣言という重大時には、ただプロンプターで流れる原稿を読み上げるのではなく、本来リーダーがやるべきこと、すなわち真正面を見据え、テレビを見ている国民に向かって自分の言葉で呼びかけるということをやってほしかったと思っています。自分の言葉に自信がなかったのでしょうか。自分の言葉で訴えかけることができなかったのでしょう。

その後の４月17日、全国に緊急事態宣言を拡大する際の安倍前首相の記者会見では、スーパーマーケットや物流関係などで働く人たちへの感謝の言葉が述べられていましたが、これはどう見てもメルケル首相の感動的なメッセージを参考にしています。スピーチライターがメルケル首相の評判を聞いて入れたのでしょう。

さらに自宅で犬を抱き、コーヒーを優雅に飲みながらソファに座る姿を動画投稿するという無神経さは、仕事が激減し今後の生活に頭を抱えている人々から反感を持たれても仕方がありません。

ただし安倍前首相も、価値観を同じくする「お友達」に対しては共感力があります。安倍さんとお友達になった人は、みんな安倍さんのことを「本当に友達思いだ」と口を揃えて言います。その姿勢が、内閣総理大臣主催の恒例行事「桜を見る会」に安倍さんの後援会関係者が多数招待され、「公費の私物化だ」などと批判される問題を引き起こしたりするのですが。

こうして対比してみても、**地に足をつけて生きている女性たちは立場の違う人たちへの共感力が高い、すなわち情緒的読解力が高いと、今回のコロナ禍でつくづく実感しました。**各国・各地域の女性リーダーの評価がうなぎのぼりです。

小池都知事がタメロになったわけ

東京都知事の小池百合子さんのやり方は、賛否両論ありますが、感心したエピソードがふたつあります。

ひとつは、新型コロナウイルスの軽症者で、病院に入りきれなかったためホテル待機を命じられた人へのエピソードです。彼らが部屋に入ったら封筒が置いてあった。てっきり支配人からの手紙だと思って開いたら、小池百合子さんからの手紙だったというのです。

「このたびは、病院から新たな居場所へ移動のご負担をおかけしました」

「感染の終息を願い、心ひとつにして参りましょう！　皆さまの一日も早いご回復をお祈りしています」

という内容の、自筆の手紙のコピーがあったそうです。小池さんが患者のみなさんに対してここまで気配りしているとは、「おぬし、やるな」と思いました。

もうひとつは、小池さんが２０２０年7月の東京都知事選で、当確が出て再選が決まった直後、テレビ東京の特番で私がインタビューをしたときのエピソードです。

まず私から、「当選なさいました。これから4年間、当然東京都知事としての任期をまっとうなさるおつもりなんでしょうね」と振ると、小池さんは「今日都知事に改めて選んでいただいたばかりでございます。しっかりと都知事としての仕事を重ねていきたいと考えています」と答え、イエスとは言いません。

そこで再度突っ込んで「4年間の任期をまっとうされると約束されますか？」と訊ねてみると、やはり「自分自身の健康をしっかり守っていきたいと考えております」と奥歯にものの挟まったような言い方です。

すかさず、「ああ、そういうお答えをするということですね。ニュアンスがちょっとわかってきました」と伝えると、小池さんからは「どういうふうにわかった？」と問われました。突然の夕メロです。そこで感想として、「任期をまっとうしますと断言されなかったんだな、今後の状況によってはひょっとしたら変わるかもしれない、というニュアンスを私は感じ取った」と伝えました。

小池さんは「いやいや、それは違いますよ。だから今素直に申し上げたじゃないですか」と笑って言います。ダメ押しで「健康に留意してこれから4年間務めますという意味でしたか？」と訊ねると、ここでも曖昧に「ありがとうございます。そのように努めたいと思います」と返されました。

今後国政へ舞い戻る意欲を持っているのではないかと思って、このような質問をしたわけです。言葉を意識し、活用している政治家らしく、はいともいいえとも言わない、証拠を残さない答え方をしました。尻尾はつかませないけれど、国政への意欲を見せていました。今後の小池百合子さんの動向には注目です。

中年男のカスタマーハラスメント

自分とは違うさまざまな人に共感力を持てる人は、豊富な人生経験があるからこそだと思います。勉強をひたすら頑張って、バリバリ仕事をした、ということ以外のいろいろな体験もすべて生きてくるのです。

学生時代のアルバイトでも、飲食店での接客や皿洗い経験、コンビニエンスストアでのレジ打ちや品出し経験、家庭教師で子どもに何かを教えること、そういったいろいろなところでの経験があれば、新型コロナで生活が一変したときにも、どこでどんな人がどんな心配をしているのかという想像ができます。

医師、看護師、救急隊員、検査技師などの医療従事者が、患者を助けなければいけないという責任感と、でも自分は大丈夫だろうかという不安感の狭間で働いているということが想像できれば、その人たちへの感謝の思いは自然と生まれるでしょう。

医療従事者の子どもを公園から追い出す、保育園で預かり拒否をする、といった「ヘイト行為」などは起きないはずです。

あるいはＰＣＲ検査が遅れたことに対して「保健所は何をやっているんだ」と非難が集中しました。しかし保健所の保健師さんが一体どれだけの人数でこれだけのことをやっているんだろうかと思いをめぐらせられれば、問題は他にあるのではないかというところもわかってきます。

２０２０年４月時点で全国に保健所は合計４６９ヵ所、支所が１２１ヵ所です。１９９４年３月には８４７ヵ所あったのですが、地方自治体の行政改革による定数削減によって急速に集約化され、ほぼ半減してしまい、平時から人手不足だったのです。人生経験や世の中のことをどこまで知っているかによって、読み解く力は大きく変わってくるのです。

これこそが今「多様性が大切だ」と叫ばれる背景でもあります。似たような経歴の男性ばかりの会社に何十年も勤めているのでは、情緒的読解力は錆びついてしまう恐れがあります。

少し前から「カスハラ」という言葉も話題になっています。「カスタマーハラスメント」の略で、客が店員に理不尽な文句をつけることを指します。カスハラをするのは主に中年男性だそうで、恐らく企業の重役だったり部長だったりするのでしょう。普段は気の利く部下が、もろもろ忖度して先回りしてくれている。それと比べてコンビニエンスストアのアルバイトは気が利かない、と怒り出す。

「あなたの常識は世間の非常識」ということがわかっていません。こんな人の人生経験はどれだけ浅いんだろうと思うと、もちろんカスハラされる店員のほうが気の毒なのですが、その中年男性もある意味かわいそうな人なんだろうなと思います。

2　数学も読解力を伸ばす！

読解力を伸ばす教科が調査で判明

読解力は、国語の点数とイコールではなく、あらゆる教科に通じる総合的な学力であると第1章冒頭で述べました。特に読解力は数学の力との相関関係があるという結果が、各種調査で判明しています。

ベネッセ教育総合研究所は２００３年の「ＰＩＳＡショック」を受けて、小学5年生と中学2年生の５７００名を対象に、教科学力、読解力、学習意欲を測る大規模調査を２００６年に行いました。

ＰＩＳＡ調査は、図・グラフ・表などの数学的な資料も「テキスト」ととらえており、それを理解し、利用し、熟考する能力を読解力としています。そのためＰＩＳＡ調査と同様の定義での読解力を調べたベネッセの調査でも、読解力が国語の教科学力だけでなく、総合的な学力であることが示されました。つまり読解力を鍛えるためには、国語の教科学力を伸ばすだけでは不十分であり、他教科、特に算数や数学の教科学力も必要になってくることがわかったのです。

たとえば「『読解力』と教科学力の関係」という調査では、中学2年生は国語の「読む力」よりも数学の「数量や図形についての知識・理解」のほうが読解力の得点に寄与していたのです。小学5年生では国語の「読む力」が読解力の得点に最も寄与していますが、2番目に寄与したものは算数の「数量や図形についての表現・処理」という学力でした。読解力は国語という教科においてだけの力ではなく、算数／数学とも大いに影響し合う総合的な学力であるということが、ここからも読みとれます。

読解力がなぜ算数や数学と大きく関係するのでしょうか。それは、**算数や数学が、具体的なものごとと式や図形などに抽象化あるいは一般化されたものごととを行き来しながら考える学問であり、論理的に思考し議論するための力だからです。**

たとえば「キャンディを4個ずつ7人に配るためには、合計何個用意しておけばいいか」という具体的なことがらは、「4×7」と一般化することで、瞬時に答えを求めることができます。

反対に、「2分の1足す3分の1」という抽象化された式については、具体的に「丸いケーキを2分の1にしたイメージと3分の1にしたイメージ」を頭に思い浮かべられれば、うつかり「5分の2」などと答えてしまうのは間違いだということに気づくことができるでしょう。このような「分母の違う分数の足し算」を間違える人は、高校生や大学生にも意外といると聞きます。分母同士、分子同士をそのまま足し算してしまうのです。もちろん正しくは、「通分」で分母を揃えて計算するので、2分の1足す3分の1はすなわち、6分の3足す6分の2となり、答えは6分の5です。

2分の1、3分の1、5分の2の意味を理解するためにも、問題の意味を理解するためにも、算数や数学に読解力が必要です。逆に言えば、読解力があれば算数や数学も理解でき、論理的にものごとを考えられます。読解力と算数／数学の学力とのあいだには、相関関係があると言えるでしょう。

その意味で、算数や数学の授業は、読解力を伸ばすためにも非常に重要です。2020年度から小学校におけるプログラミング教育が必修化されましたが、しっかりと算数の教育をしていればプログラミングの考え方も理解できるため、なにも義務教育で教える必要はないと私は思います。さらに言えば、理科や社会などその他の教科の授業についても、基礎的な知識を身につけていくためにとても大切なものですから、それらの授業時間を削ってまでプログラミングの授業をする意義について、私は懐疑的です。

早大政経学部の入試が数学必修に

一般的に大学の文系学部の入試では、国公立大学は数学を含む5教科7科目を課し、私立大学は数学のない文系科目（国語・英語・社会）の3教科3科目を課すという傾向がありま す。そのため高校によっては、「国公立文系コース」「私立文系コース」などを設け、クラス分けをしています。「私立文系コース」を選んだ生徒は数学や理科はそこそこに、その後は文系科目を中心として勉強するというケースが多く見受けられます。

ただ志望校が私立文系であっても、数学をおろそかにはしてほしくありません。

慶應義塾大学のある教授から聞いた、興味深い話があります。慶應の経済学部ではかつて入学試験で数学を必須科目としていました。入学後に統計学やミクロ経済学などを学ぶためには、数学の素養が必要だからです。

しかし1990年代前半に、A方式とB方式、ふたつの入試方法を導入しました。A方式は従来どおり数学の試験があるタイプで、B方式は数学がなく、近現代史の試験を課すタイプです。それに加えて外国語と小論文は両方式に課されます。

こうして数学を受けなくても入れるように入試科目を変更したのは、経済学部の偏差値を上げるためでした。数学の試験を課す経済学部は、偏差値を出す際の比較対象が東京大学や京都大学、一橋大学などの難関国立大の文系学部となり、偏差値という相対的な数値はどうしても低めになります。

一方で慶應の法学部は数学を課さないため、比較対象は私大文系学部のみとなり、偏差値が高く出ていました。その結果、慶應の看板学部として長年君臨してきた経済学部は、予備校の偏差値一覧で法学部に負けるようになりました。教授たちはこれを抜き返そうと考えた結果、数学を受験せずに入れるコースを作ったのです。

途端に偏差値は跳ね上がり、慶應の法学部と並び、さらには早稲田の看板学部である政治経済学部を抜きました。ところがふたを開けてみると、数学を受けずに入ってきた学生たちが入学後の講義についていけないという事態が発生してしまい、教授たちは頭を抱えたそうです。

さらに数学を勉強せずに入った学生は、部活動の話し合いなどでも「ものごとを論理的に考えられない」ことが周囲にも見てとれるのだと、慶大生から聞きました。やはり論理的思考力には、数学という教科学力が欠かせません。

慶應の経済学部は現在、入試方式によって履修タイプも2コースに分かれています。数学のあるA方式で入った学生は、「経済理論・数学先習型」として、大学1年次から線形代数や微分積分などを履修します。数学のないB方式で入った学生は、「経済実態・歴史先習型」として、経済史を中心とした講義を履修します。B方式で数学に不安がある学生には、高校数学を復習する「数学概論」という選択科目も設けられており、数学を学び直せるようになっています。

一方で早稲田大学は、政治経済学部の一般入試において2021年度から数学を必須とすることに決めました。センター試験の後継となる「大学入学共通テスト」の国語、外国語、数学I・Aを必須科目とし、地理歴史、公民、数学II・B、理科からひとつを選択科目とします。その上で学部独自試験は、日英両言語による長文読解が課されることになりました。

これまで数学は選択制でしたから、数学が苦手という理由で文系学部を選ぶ学生は、数学を避けて受験することができました。こうした学生にとっては、政経学部が数学必須となると敬遠するようになる可能性が高いでしょう。私立大学は受験生の払う受験料が重要な収入源ですので、受験生が減る可能性の高いこの変更は、早稲田大学にとっても苦渋の選択だと思われます。

それでも決断をした背景には、数学を捨てて入った学生の基礎的な論理能力の不足に悩まされていたのでしょう。経済学では数学が大いに必要とされますし、政治学でも論理的な思考力は必須です。学生の質を担保するためには、受験科目に数学を取り入れざるを得ないということでしょう。

高校「私立文系コース」の功罪

大学で専門的な学びを進めていくためには、論理力は必要不可欠ですから、受験科目である国語・英語・社会だけに注力するという高校の私立文系コースのやり方は、見直していただきたいと思います。

高校が早慶上智、ＭＡＲＣＨ（明治・青山学院・立教・中央・法政）などネームバリューのある私大の合格者を手っ取り早く増やすために、学生に文系科目に絞った受験対策をさせると、短期的には効果が出ます。しかし「数学を捨てて、私立の数学無試験コースを狙えばいい」という安易な考えでは、大学に入ったあとに学生本人が大変な苦労をします。

短期的に見ると大学での講義についていけないという弊害、長期的に見ると社会に出てからも論理的な思考やディスカッションができないという弊害が出るのです。

よく「数学が何の役に立つかわからない」と言う人がいます。作家の曽野綾子さんも以前、「二次方程式なんて何の役にも立ってないし、社会に出てから二次方程式なんか使ったことがない」と述べたという有名なエピソードがあります。しかし曽野綾子さんの文章からは、明らかに論理的思考力があることが伝わってきます。

もちろん、数学そのものを社会人になってから仕事などで使う人というのは、理系の研究職や数学の教師、アナリストなど非常に限られることは事実です。大半の人は数学の公式を忘れてしまっても生きていけるでしょう。けれども論理的思考力は、学生時代の数学の勉強によって身につくものです。決して「数学をやらなくていい」ということではないのです。

ビートたけしさんと因数分解

たとえば中学3年生で習う数学の因数分解は、生活のさまざまな場面で生きる能力だと私は考えています。

因数分解とは、$x^2+5x+6=(x+2)(x+3)$のように、足し算や引き算のかたちになっている式を、掛け算のかたちに変化させることです。この式では、足して5、掛けて6になる数字すなわち「因数」を見つけ出して、分解しています。もっと簡単に言うと、方程式の中で共通しているものを見つけ出し、抜き出し、残りをカッコで括るということです。因数分解を学校で勉強したときには、私も「こんなものが何の役に立つんだ」と疑問に思っていました。でもこれは頭の体操なのです。

この因数分解によって磨かれる力とは、ものごとの共通項を探して分類・整理する、という力です。ものごとを分類できれば、わかりやすい説明ができます。

具体的には、伝えたいことをダラダラと並べるのではなく、共通点を見つけ出してそれを最初に説明する。その後にそれを補足するかたちで詳細を述べるのです。これがものごとをわかりやすく説明するための秘訣です。記者やキャスターの仕事をする上で、因数分解の考え方が実は非常に役立っている、と私は実感してきました。

ビートたけしさん（監督業では本名の「北野武」さん）も「俺の映画づくりには、因数分解の勉強を生かしているんだ」と言われています。

１９９７年に映画「ＨＡＮＡ－ＢＩ」がベネチア国際映画祭で金獅子賞（グランプリ）を受賞するなど、映画監督として海外からも高く評価されているたけしさんは、脚本も自分で作っており、いかにも文系タイプのように見えます。でも実は、大学で工学部に通っていた理系タイプ。映画のコマ割りや構成の組み立て方に、因数分解の考え方を応用しているのだそうです。

映画「Ｄｏｌｌｓ」（２００２年）では、３組のカップルの究極の愛が描かれています。３組はまったく異なる素性と事情を抱えつつも、映画が進むにつれて、ある共通点を持つことが徐々に観客へと示唆されていきます。まさしく因数分解が生きていると思います。

第３章　読解力にとっていちばん必要なもの

1　教養は「知識の運用力」だった

クイズ王と教養のある人の違い

読解力は、世の中のさまざまなものごとや他者とのコミュニケーションの「場」を正しく理解する力ですので、大人の場合には仕事に直結して役立つ力と言えるでしょう。

読解力を鍛えるために何をしたらよいのか。答えはシンプルです。まずは読解力のベースとなる、知識と教養を身につけましょう。

では知識と教養の違いとは、何でしょうか。

本や新聞、学校の授業などから得るものは、知識です。たとえば一問一答のクイズに即座に答えることができる人は、知識が豊富で「物知り」です。ただし物知りイコール「教養のある人」とは限りません。物知りは、暗記力を駆使してものごとをバラバラに知っているだけなのです。

それらの知識を自分の言葉にして伝えられたり、知識と知識を結びつけて何らかの論理を作ったりと、自由自在に駆使できるようになって初めて、その人は教養のある人だと言えるでしょう。

この原稿を執筆している2020年夏、新型コロナウイルスはなおも日本や世界で猛威を振るっています。このウイルスに関して、さまざまなデマがネット上で飛び交いました。私も3月に知人から、「新型コロナウイルスは熱に弱いので、36度のお湯を飲めば体内に入ったウイルスも死滅させることができるそうですよ」というメールをもらいました。

その人は善意で連絡をくれたのですが、これは完全なデマですね。36度のお湯を飲むだけでウイルスが死滅（正確には不活性化）するのであれば、人間の体温は約36度ですから、ウイルスは人間の体内に入った瞬間に死滅するはずです。しかしこの時点で、世界中で多くの人が、残念ながら新型コロナウイルスの影響で亡くなっていました。

ウイルスが熱に弱いのは確かですし、人がときに40度近い高熱を出すのは、免疫細胞がその熱でウイルスの不活性化を試みるためです。けれども肺や感染する細胞ひとつひとつにお湯を流し込むことはできないので、お湯を飲んでウイルスを死滅させることは不可能です。少し考えれば、なんだか怪しい話だな、と気づくことができるでしょう。これがまさに、「知識が教養になっていない」例です。

「人間の体温は約36度」「肺に水を流し込むことはできない」という学校で習うような知識

があっても、それがとっさに出てこない人が実際には数多くいるのです。しかしあとからじっくりと考えてみれば、これはおかしな話だと誰しも気づけたはずです。これがつまり知識の運用力、すなわち教養があるかないかの境目と言えます。

知識は常に活用していきましょう。そうしておかないと錆びついてしまい、いざというときに出てこなくなってしまいます。

教養のつけ方は酒造りと似ている

さらにこのコロナ禍をきっかけに、ウイルスについて勉強してみるとないいでしょう。たとえばウイルスは、遺伝子がタンパク質の殻でくるまれただけの存在です。石けんを使って手を洗うと、そのタンパク質を破壊し溶かすことができます。だから石けんで手を洗うことが大事なんだ、と理解できるようになります。

また細菌は細胞膜を持っていますが、ウイルスは細胞膜を持っていません。抗生物質には細胞膜を破壊する働きがあるため、細菌には効きますが、ウイルスには効かないのです。

ウイルスに効く「抗ウイルス薬」はまだ少なく、インフルエンザやヒト免疫不全ウイルス（ＨＩＶ）、Ｂ型・Ｃ型肝炎の薬といった限られたものしかありません。そのため新型コロナウイルスをはじめウイルス性の病気の多くは、症状を抑えるための「対症療法」という処置を行うことはありますが、基本的には体に備わっている免疫力で戦うしかありません。

こうして基礎的な知識を得つつ、ひとつひとつの知識についてつながりを持って理解できることこそが、知識の運用力、すなわち教養です。世間のさまざまなニュースを読み解く力がついていくのです。

「私には教養がないんです」と言う人がいますが、本当にそうでしょうか。義務教育である小・中学校、さらに日本では99％の人が進学する高校で、誰しも基礎的な知識は身につけているはずです。**知識はあるけれども、その運用力が欠けているため「教養がない」と感じてしまっているだけなのです。**

学校で得た知識を定期テストや受験に使うだけで終わらせず、大人になってからも折に触れて振り返り、生活に応用していくことで、教養は身につけることができます。さらには学び続けていくことで、教養はどんどん鍛えていくことができるのです。

知識を教養に変えていく方法は、たとえるならば、紀元前から人類が連綿と続けてきた酒造りの工程と似ています。ブドウをいっぱい集めて溜めておくと、ブドウに含まれる糖が発酵してワインになります。米は水と麹菌とともに発酵させると日本酒になります。これと同じく、知識がたくさん溜まり発酵が進めば、「教養」になるということです。

ただし、ただ溜めておくだけではお酒も腐ります。発酵と腐敗は紙一重なのです。そこで折々に「かき混ぜる」という作業が大事になります。日本酒造りでは「櫂入れ」という工程で酒母やもろみをかき混ぜ、発酵を促します。

知識も、持っている知識をただそのまま置いておくだけでは、結局腐ってしまいます。ときどき棚卸しをしたり、どんな知識を持っていたかなと振り返って使う、**つまり知識をひたすら蓄積しながら、ときどきそれをかき混ぜることで、教養となっていくのです。**

米中関係悪化にひそむ罠

最近私が「知識をかき混ぜた」経験をお話ししましょう。アメリカと中国の関係が急激に悪化してきている近年の情勢に関して、アメリカの政治学者が、これを「トゥキュディデスの罠」と表現しているのを聞いて、考えたことです。

トゥキュディデスの罠とは、古代ギリシャのトゥキュディデスという学者が、『歴史』（小西晴雄訳、ちくま学芸文庫）という著書の中で「ペロポネソス戦争（紀元前431年〜前404年）が起きたのは、スパルタという都市国家（ポリス）が、急激に成長する新興の都市国家・アテナイに立場が脅かされることを恐れたためだ」と書いたことに由来した言葉です。既存勢力が新興勢力に対し不安を募らせると戦争が起こるということで、スパルタとアテナイの関係が現在のアメリカと中国の関係にたとえられていました。

しかし一方で、「スパルタ式教育」という言葉があるように、スパルタは軍国主義的な体制で民主主義のかけらもない都市国家でした。アテナイは民主主義を初めて実現した民主国家です。

そう考えると、現代における「トゥキュディデスの罠」は、民主大国アメリカが急激に成長する独裁国家中国に地位を脅かされる、という逆バージョンになっているのです。逆バージョンのときには何が起きるのだろうか、などと思考をめぐらせてみました。

ちなみにアテナイでは前４２９年に将軍ペリクレスが死去した後、「デマゴーゴス」と呼ばれる扇動政治家が現れ、好戦的な主張で民衆を煽ったことで民主政治が堕落し、ついにはペロポネソス戦争に敗北、衰退しました。民衆を煽るという点は某大統領を彷彿とさせる気もしますね。デマゴーゴスは「デマ」という言葉の語源でもあります。

こういう作業が、「知識をかき混ぜる」ということです。今のアメリカと中国の対立を、歴史的な観点から見てみたり、人間というのはトゥキュディデスの時代から同じようなことをくり返しているのだなと考えてみたりするのです。改めてトゥキュディデスの『歴史』を読もうとさっそく購入しました。こうして知識を広げ、教養を深めていくのだと思います。

出口治明さん推薦『デカメロン』

あるいは、立命館アジア太平洋大学（APU、大分県別府市）学長の出口治明さんが、こういう新型コロナウイルスが流行しているときこそ『デカメロン』（ジョヴァンニ・ボッカッチョ、平川祐弘訳、河出文庫）を読むべきだとおっしゃっていました。私も実はそれを聞く前にちょうど『デカメロン』を購入していたところでした。

『デカメロン』は、ペストが蔓延する14世紀のイタリア・フィレンツェが舞台です。ペストの感染を逃れようとした男女10人が郊外の別荘に逃げ込み、暇を持てあましてそれぞれとっておきのネタを10話ずつ話していく、１００の物語です。デカメロンとはギリシャ語の「10日」に由来しています。まさに感染症による自粛生活、ステイホームせざるを得なくなった人たちの物語なのです。

これを読むと、当時の中世ヨーロッパではカトリック教会が絶大な力を持っていたはずなのに、教会の神父さんたちをおちょくって笑い飛ばすといった話がたくさん出てきます。ペストが拡大しヨーロッパの人口の3分の1が亡くなる中で、キリスト教の権威が落ちてきていたことがよくわかります。結果的にこのペストが、１５１７年マルティン・ルターによって始まる宗教改革の素地を作りました。

他にも『デカメロン』には、いわゆる男女の艶笑話、お色気話がこれまたたくさん出てきます。今読むと大したことはない内容ですが、日本では戦前まで、何度翻訳されても猥褻本とされて発禁となっていました。

これらの艶笑話からは、キリスト教の厳格な生き方から離れて、人間としてのいろいろな喜びを追求している当時の人々の姿がわかります。これこそが14世紀から16世紀にイタリアを中心として花開いた「ルネサンス」に発展します。歴史が大きく変わろうとする様子が『デカメロン』という小説に結実しています。そのため出口さんは『デカメロン』を勧めているのです。

これがつまり、知識がきっかけになり教養になっていくということです。溜めた知識は折々に改めておさらいをし、本を読み直したり周辺知識を調べ直したりすることで、応用できるようになるということです。

安倍前首相から欲しかった一言

知識の運用力が教養ですので、反対に「教養がない」人とは、「知識が自在に操れていない」人だと言えるでしょう。

安倍前首相は2020年4月7日、新型コロナウイルスの感染拡大を受けて7都府県に緊急事態宣言を出し、記者会見を行いました。海外では「ロックダウン」（都市封鎖）にあたり、多くの人が都市を抜け出して大混乱と感染拡大につながったこと、日本でもSNSで広がったデマによって、トイレットペーパーが店頭で品薄になったことなどを例に挙げ、「今、私たちが最も恐れるべきは、恐怖それ自体です」と述べました。

この言葉は、実はアメリカ第32代大統領、フランクリン・ルーズベルトの有名な言葉です。1929年にニューヨークで株式市場の大暴落が起きて世界恐慌に突入し、アメリカには多くの失業者があふれていました。その最中の1933年に大統領となったルーズベルトは、就任演説でこの言葉を述べた上で、「不合理で不当な恐怖を捨て、前進に向けて努力しよう」と人々に訴えかけたのです。

安倍前首相が記者会見をする際はいつも、前方左右のプロンプターにスピーチライターが書いた原稿が投影され、それを読み上げていました。このときの安倍前首相は、一生懸命原稿を読みながら、この「恐怖それ自体」というくだりを読み流しているように見受けられました。

安倍前首相が、「恐れるべきは、恐怖それ自体です」というフレーズがルーズベルトの言葉だと知っていたのか知らなかったのかはわかりませんが、教養として身についた言葉には聞こえませんでした。説得力のある言葉として伝わってこなかったからです。

もし私なら、自分の言葉を織り交ぜながら、「かつてアメリカのルーズベルト大統領は、世界恐慌の最中、これから世界はどうなるのだろうという不安にさいなまれている人々に向けて、『恐れなければならないのは、恐怖それ自体です』と呼びかけました。今こそ私たちも……」などと話したいところです。なぜ今、この言葉を引用してスピーチをするのか、その背景がわかるように話すほうが、言葉にもっと説得力が生まれたはずです。

しかし安倍前首相に限らず、このようなシーンはあなたも日常生活で目撃したことがあるのではないでしょうか。たとえば仕事の会合で挨拶をすることになったとき、結婚式で祝賀スピーチをするときなど、有名人の名スピーチ集を引っ張り出して丸暗記し、そのまま述べている人がいます。これでは物知りとは言えても、教養のある人とは言えません。

その有名な言葉はどこでどういう状況の中で発言されたのか、それはなぜ人々の心に響いたのか。そういった背景までわかって初めて、自分のものとしてそれを応用することができます。自分なりの具体的なエピソードを交えながら引用するのもいいでしょう。単なる知識をそのままひけらかすだけでは、決して説得力があるものにはならないのです。

意識の持ちようで読解力がつく

こうして知識を運用できる教養を身につけ、自分の頭で考えていくことで、読解力は磨かれます。「読解力は一日にしてならず」です。

この言葉を目にした瞬間、「ああ、『ローマは一日にしてならず』という格言をもじったんだな」と気づいたあなたは、教養があります。

「大事を成し遂げるには時間がかかる。世界中で昔から言われてきたことだよね」と考えたあなたは、読解力があると言えるでしょう。とはいえ、今この言葉を読み飛ばしてしまった人も、知識と教養を高めたいという意識の持ちよう次第で鍛えていくことはできます。知識を得、知識を運用して教養としながら、読解力をも育てていく。これら3つは同時に取り組んでいくべきことと言えます。読解力のある人はそのように鍛えているのです。

格言にまつわるエピソードをもうひとつ。私の家の近くに公立小学校があるのですが、名門中学校への進学実績がいいという噂が立ち、校区内のマンションは値上がりし、マンションのチラシにはその小学校校区であることが謳われるようになりました。

子どもの教育に熱心な親たちが、周辺の地区より割高なマンションでも購入するのです。これを知ったときに、「ああ、まさしく『孟母三遷の教え』だな」と感慨深くなりました。

「孟母三遷の教え」という格言は、教育には環境が大切であるということ、あるいは教育熱心な母親のことを指します。紀元前3世紀ごろの中国の思想家で、孔子の継承者と目されていたのが孟子という人物です。その母親は、孟子が幼いころ、教育に最適な場所を求めて3つの土地を移り住んだ、という故事から来ています。

マンションの話を聞いた私は、「教育熱心な親の行動は、時代を超えて万国共通だな」と感じたものです。「孟母三遷」の知識があり、それについてあれこれ思いをめぐらせられるかどうかで、思考が広がったり、話題が豊富になったりするのです。

ちなみにわが家の近所の小学校は普通の公立小学校ですから、学校の教育内容がいいから進学実績がいいというよりは、教育熱心な家庭の子が集まり中学受験をする児童の層が厚くなることで、進学実績が上がっているにすぎないと考えています。

2 私はどうやって読解力を磨いたか

座右の書は子ども時代の愛読書

私自身がどうやって読解力を磨いてきたのかについても、少々振り返ってみましょう。

私は子どものころから、読書が大好きでした。お気に入りだった本は『ニルスのふしぎな旅』（セルマ・ラーゲルレーヴ、香川鉄蔵・他訳、偕成社文庫）です。スウェーデンの少年ニルスは、動物をいじめてばかりの嫌われ者でした。ある日妖精にいたずらをしたことで小人にされてしまい、飼っていたガチョウのモルテンの背中に乗ってガンの群れとともに冒険の旅に出る、という話です。作者のセルマ・ラーゲルレーヴは女性で初めてノーベル文学賞を受賞し、日本ではNHKでアニメ化もされました。

『ドリトル先生航海記』（ヒュー・ロフティング、井伏鱒二訳、岩波少年文庫）も好きでした。動物と話のできる名医ドリトル先生が、サルたちを疫病から救うためにアフリカへ冒険の航海に出たり、行方不明になった博物学者を探すためにブラジル近海の孤島に出かけたりする話で、シリーズ全12冊と番外編2冊が出ています。1920年にアメリカで刊行されたロングセラーで何度も映像化され、2020年には再び『ドクター・ドリトル』と題して実写映画が公開されました。

これらの読書を通じて、世界の国々への好奇心や興味を抱きました。自分もいずれさまざまな国を訪れてみたいという思いを持ち続けたことは、大人になってからそれを実現する原動力になりました。NHKでは海外特派員の経験はありませんでしたが、退職しフリーランスのジャーナリストとなって以降、これまでに85の国と地域を取材しています。

『君たちはどう生きるか』(吉野源三郎、岩波文庫)は、小学6年生くらいのときに珍しく父からプレゼントされ、今の私の生き方に大きな影響を及ぼした本です。

コペル君というあだ名を持つ中学2年生の少年が主人公で、仲間がいじめられているのに見て見ぬふりをしてしまって後悔したり、貧しい級友の家に行って貧乏について知ったりします。私もコペル君と一緒に、正義とは何か、世の中をどう見るか、まさに「自分はどう生きるべきか」ということについて考えさせられました。

原作と羽賀翔一さんの漫画を融合させたマガジンハウス版『漫画　君たちはどう生きるか』も近年大きなブームとなりました。私の父と同様に親や祖父母が「子どもにぜひ読ませたい」と考えたことで売れたのだと思います。

折に触れて何度もくり返し読む本も、『君たちはどう生きるか』です。私がこの本のファンだということで、出版社から新版が出ると解説の執筆を依頼されたり、中学校や高校からこの本を教材にして授業を依頼されたりするという事情もありますが。そのたびに改めて読み直し、毎回新しい発見をしています。

授業をすると、生徒たちからも多様な意見が活発に飛び交います。時代を超えて読み継がれていく名著とは、まさにこの『君たちはどう生きるか』のような本だなと実感します。

他にも私が子どものころは、子ども向け雑誌が多く出版されていて、よく読んでいました。小学生向けには、小学館の「小学一年生」シリーズや、一時期は講談社からも学年別雑誌が出ていました。中・高生向けには、旺文社と学研からそれぞれ学年別雑誌が出て人気を博していました。当時は多くの中・高生がこれらの雑誌を読んでいて、長い文章を読む機会がたくさんあったのです。

いつしか新聞大好き少年に

絵本から始まり児童文学の本、雑誌、そして父の蔵書などを片っ端から読み、私は活字中毒の子どもに育ちました。そうして小学校高学年ともなると、家に届いていた新聞を読むようになります。なぜ読み始めたかというと、要するに時間がたくさんあったからです。今の子どもたちが多くの時間を費やすテレビゲームなどない時代でした。

テレビ放送は１９５３年にＮＨＫが開始し、１９５９年の皇太子（現上皇）と正田美智子さん（現上皇后）とのご成婚を機に一般家庭にも普及しましたが、１９５０年生まれの私が小学生のころは、テレビ番組が終日放送されているという状況ではありませんでした。

漫画も当時はそこまで普及はしていません。「貸本屋」という、今で言うレンタルショップがあり、１泊10円程度で大衆娯楽小説や少年漫画などの単行本、雑誌などを借りることができました。『ゲゲゲの鬼太郎』で有名な故・水木しげるさんは貸本屋専用の漫画を描いていたそうですが、私の記憶では貸本漫画もそれほど多くの種類はありませんでした。

というわけで、友達と日が暮れるまで外で遊ぶか、雨の日は将棋やトランプをするかくらいで、友達と遊ぶ約束がないときや夜は家で何にもすることがなく、結果的に本か新聞を読むしかなかった、とも言えます。

わが家が購読していたのは朝日新聞で、当時は12ページ建てでした。小学生には政治のことはよくわからず、社会面の記事ばかり読んでいました。それでも一面は政治の記事が多くなりますから、そのときどきの総理大臣が何を言ったのかくらいは新聞で読んでいました。

1960年に岸信介首相が日米安全保障条約を強引に改定したあと退陣し、「所得倍増」を掲げた池田勇人首相に代わったころのことをよく覚えています。

新聞は日々読み続けるのがコツ

子どもながらに大人の新聞を読むときは、ちょっと背伸びをして読んでいました。わからない言葉や漢字が少しくらいあっても飛ばして読み進めるうちに、なんとなく意味がわかってきます。これは記事の内容についても同様です。事件の背景、政治の仕組み、外交問題など、初めはわからなくても毎日目を通すことでだんだんわかってくるものです。親に質問をするということも特にしませんでした。

新聞を読まない人は「たまに読んでみても、意味がわからない」と言いますが、毎日読んでいればなんとなくわかってくるはずです。たまに読むからわからないのです。お金を使わずに情報収集をしよう、読解力をつけようというのは、どだい無理な話です。やはりここは新聞を宅配で契約して、毎日読んでみてほしいと思います。すると次第に世の中がわかってくるはずです。

日本の新聞も最近は解説コーナーが充実してきています。1週間読むと必ず、どの新聞も重要な事件の背景や理由などを解説しています。それらを読み続けることによって新聞の内容は理解できてくるでしょう。「読解力は一日にしてならず」ですから、気長に新聞を読み続けてほしいと思います。

全国紙からは子ども向けの新聞も出ています。小学生向けには「毎日小学生新聞」「朝日小学生新聞」「読売KODOMO新聞」、中・高生向けには「朝日中高生新聞」「読売中高生新聞」があります。かつてNHK「週刊こどもニュース」を大人が見ていたように、子どもだけでなく大人からも「ニュースがわかりやすい」と好評ですし、本紙よりも廉価です。新聞本紙を購読するハードルが高ければ、いっそこちらから購読してみるのも手でしょう。

勉強を好きになったきっかけ

勉強を好きになるきっかけには、人それぞれの縁があります。

私が勉強を好きになったきっかけは、中学3年生の高校受験の勉強中に訪れました。私のころは都立高校の試験が9教科もありました。今では考えられないでしょうが、国語、数学、英語、社会、理科、音楽、美術、技術家庭、保健体育の学科試験があり、各100点、全部で900点満点の試験でした。音楽は楽譜を見て「これは何の曲か」と答えなければいけないので、音符を読めなければなりません。技術家庭では本箱の作り方を答えました。

どうしてこんな勉強をやらなきゃいけないんだ、という不満は感じていました。それでもわからないから勉強を続けて、一生懸命考えているうちに、ある日突然それまでわからなかったことがわかるという経験を何度もしました。受験勉強を通して、勉強自体がだんだん好きになっていきました。

大学受験では初め国立大学を志望していたので、文系でしたが数学も必死に勉強しました。東京出版の月刊学習誌「大学への数学」は、大学受験対策のみならず数学という学問の面白さ自体も教えてくれる老舗雑誌で、私も一生懸命取り組みました。

この雑誌の名物企画「学力コンテスト」は、掲載されている問題を読者が解いて郵送すると、スタッフが添削して返送し、成績優秀者は誌面に名前が載ります。この常連の中から、有名な数学者が何人も出ているそうです。２０１４年青色ＬＥＤの発明でノーベル物理学賞を受賞した天野浩さんも、高校時代に「大学への数学」で学んでいたと、あるインタビューで答えていました。

そうやって数学に取り組む中で、二次方程式の「解の公式」を自分で導き出すことができたときには、感激しました。解の公式を丸暗記するのではなく、算出するやり方がわかったときのあの喜びは今でも覚えています。慶應義塾大学経済学部の入試本番でも、解の公式で問題を解くことができ、そのおかげで私は合格できたと思っています。

今では「解の公式」の導き方自体は忘れてしまいましたが、勉強が好きになった大きなきっかけとして覚えています。

【解の公式】二次方程式 $ax^2+bx+c=0$ $(a \neq 0)$ の解は $x=\dfrac{-b\pm\sqrt{b^2-4ac}}{2a}$

小林秀雄で「脳みそに汗をかく」

大学受験の国語の勉強では、Z会の通信添削を受講しました。Z会の問題は、良問であると同時に難問ばかりでした。「脳みそに汗をかく」という表現がありますが、まさにこのことかと身に沁みる難しさでした。ひたすら文章の意味を考え、ようやく理解して答えを書いたときの喜びも忘れ難い経験です。

当時の大学受験で国語の文章題に頻出する定番作家は、評論家の小林秀雄でした。小林秀雄の文章はわかりにくく、「俺はなんて読解力がないんだろう」と絶望的になりながら取り組んでいました。

今になって改めて小林秀雄の書いたものを読んでみると、単に小林秀雄がわかりにくい文章を書いていただけだったと思います。小林秀雄は「知の巨人」として、知識人たちの憧れの的であったため、はっきりとそう言う人はいませんでしたが。

それでも高校生のときに悪戦苦闘しながら小林秀雄に立ち向かったことが、結果的には自分の読解力を向上させることにつながったのだと、今では理解できます。社会人になる前に基礎的な読解力を向上させたければ、歯ごたえのある文章にどこかのタイミングで取り組むとよいと実感しています。

私自身はわかりやすい文章を書こうと常日ごろ心がけています。いろいろなものをかみ砕いて消化しやすくなるようにして、読者へ提供しています。そんな私が言うのもなんですが、消化のいいものばかり食べていたらあごが発達しません。歯ごたえのある文章にも、あえて挑戦してみてほしいと思います。

「あ、わかった!」と叫んだ学生

学びが面白くなり、勉強への意欲を持つためには、このように自分で努力をして「わかった」という経験が必要です。

以前、大学生になっても円高と円安のことがわかっていなかった学生たちに向けて「円高と円安の違い」を説明したことがありました。するとある男子学生が突然、教室で「あ、わかった！」と叫んだのです。

恥ずかしさも忘れてみんなの前で叫んだということは、彼にとっては本当に嬉しかったのでしょう。

これこそ教える側の醍醐味です。こうして学生が理解してくれる瞬間を見てしまうと、やみつきになります。心から理解できた彼は、そこから先はわからないことを自分で学んでいこうという気になってくれたんじゃないかなと思います。

こういう、「学びのきっかけ」をみんなが摑めるようにするにはどうしたらいいのか。私の理想を言えば、先生は生徒に教えるのではなく、生徒が学ぶ手伝いをする存在であってほしいと思っています。

なかなか難しいことだとは思っていましたが、しかし今回のコロナ禍によってオンラインでの授業が始まったことで、実現しつつある学校もあるようです。

対面授業の場合は、先生が懇切丁寧に黒板に書き、ひとりひとりの反応を見ながら授業を進めることができます。しかしオンライン授業では、あらかじめテキストの何ページを読んでおきなさいと指示し、みんながわからないところを先生がピンポイントで教えます。結果的に、「自分が学ぶことを先生が手伝う」状況が生まれています。こういうときだからこそ、生徒が自分で学び、先生はそれを助けたり支援したりする、そういう本来あるべき学びの構造が生まれ、再評価されるのではないかと思っています。

新型コロナウイルスの影響によって教育現場の混乱はまだまだ続くことが予想されますが、後世になってこのコロナ禍を振り返ったときに「災い転じて福となす」だったね、と言えるよう、プラスの変化が起きることを期待しています。

また、学びには動機や自主性が必要です。子どもの勉強には、「大人に説明させる」ことが、案外動機となります。

先生や親が、「私はここがよくわからないから、説明してくれない?」と子どもに頼むと、張り切って説明しよう、そのために理解しようと努力するはずです。他にも「この本を読んで、どんなことが書いてあったか私に教えて」と伝えると、説明するために一生懸命読むでしょう。

これは後述の「アウトプット(発信)を意識したインプット(情報収集)」にもつながります。「勉強しなさい」「本を読みなさい」と指図されてやるのではなく、「大人に説明してあげなきゃ」という動機がやる気をもたらすため、教えるときにはそういった勘違いをさせるということも大事です。

大人の場合も、自分で「実現したい」と自主的に考えた企画が会議で通れば、どんなに残業をすることになっても本人は懸命に取り組むものです。いい提案が出てこないからといって、上司が部下に「この企画を担当しろ」と押しつけると、仕事だからやるにはやりますが、なかなか気分が乗らない、となるはずです。テレビ局の「提案会議」を見ていても出版社の「編集会議」を見ていても、似たり寄ったりです。自主的に提案したものだからこそ、やはりやる気が出てくるのです。

「誰のために書いているのか」

私が文章のわかりやすさについて強く意識するようになったのは、ニュースキャスターになってからです。

１９７３年にＮＨＫへ入局し、長らく記者をしていましたが、平成に改元された１９８９年４月から、首都圏向けニュース番組のキャスターとして起用されました。そのとき初めて、記者の書く原稿が視聴者にとってわかりにくいということに気づいたのです。

社会部で検察庁を取材している記者からの原稿に、「在宅起訴しました」と書かれていました。するとコンビを組んでいた女性アナウンサーがふと「在宅起訴って何ですか？」と聞いてきたのです。

相手が記者だったら「お前はそんなことも知らないのか」で終わりますが、彼女は記者経験がありません。わからないと言ってくれたことによって、「そうか、普通は『在宅起訴』という言葉の意味を知らないものなのか」と知り、衝撃を受けました。

ちなみに「起訴」とは検察官が裁判に訴えるということです。「在宅起訴」の原稿は、「容疑者を逮捕せず、家ですごさせたまま、裁判に訴えました」という言い方に書き換えました。

他にも新聞やニュースでよく出てくる言い回しとして、「警察は容疑者を送検しました」というものがあります。この「送検」という言葉も、警察や検察を取材している者にとっては当たり前の単語ですが、普通はよくわからない言葉です。送検とは、「送る」に検察の「検」と書きます。「逮捕した容疑者を警察が取り調べた上で、今度は検察庁の取り調べのために身柄を送りました」と言ってようやく意味がわかるわけです。このようなことに、私はキャスターになって初めて気がつきました。

とりわけ1994年から「週刊こどもニュース」のお父さん役として出演するようになると、子どもたちから「警視庁と警察庁ってどう違うんですか」「警視庁と検察庁はどう違うんですか」という質問が出てきますので、何がどう違うのか、それをどうやって説明すればいいのか、と一生懸命考えるようになりました。

もちろん記者たちは、デスクという上司兼編集者から「記事はわかりやすく書け」とつねづね言われています。本人もわかりやすく書こうと努めているはずです。それでもわかりやすくならない理由は、「その記事は誰に伝えようとしているものなのか」「その伝えようとしている相手は、何がわかっていて何がわからないのか」ということを、記者本人がわかっていないからです。

記者が書く原稿は本来、ニュースなら視聴者、新聞や雑誌なら読者に向けて書いているもののはずです。

しかし記者たちの耳に直接届くのは、デスクの反応と、取材先からの「いいニュースにしてくれたね」といった声ばかりになりがちです。

するとつい、本来の視聴者や読者に向けてではなく、デスクや取材先の人たちが理解するレベルの言葉で原稿を書いてしまうのです。取材先は喜んでくれるけれど、視聴者や読者にとっては、専門用語がいっぱい出てきてチンプンカンプンのニュースになってしまいます。このような事情で、記者の書く原稿は「誰のために書いているのか」が不明確になってしまいがちです。

私自身も、以前はそんな原稿を書いていました。キャスターを経験して初めて、「誰のために書いているのか」、さらには「その相手は何がわからないのか」ということを常に意識するようになりました。

先日も「新型コロナウイルスの影響で原油価格が暴落して大変だ」という趣旨で雑誌の原稿を書いていましたが、「原油価格が」と書こうとして「待てよ。石油価格と原油価格の違いについて、読者はわかるんだろうか。石油と原油の言葉の意味を説明しなければいけないだろう」と気づきました。またこのニュースは原油の先物価格が下がったという内容でしたが、「先物」も読者はわかるだろうか、と考えました。

普通の新聞記事であれば「原油の先物価格が下がり」と一言で書いてしまいます。ですがこれでは専門家や知識のある人にはわかっても、一般の人にはわかりません。このことに気がつけば、先物と現物の違い、石油と原油の違い、ということまで書くことができます。そこで初めて、原稿はわかりやすいものとなるのです。

「みんなは何がわからないのか」を意識するようになったことで、回りまわって、今では「みんながわかりづらいニュースを解説する仕事」をしています。

読解力を伸ばせたいちばんの秘訣

こうして「このニュースを受けとる人たちは、何がわからないのだろうか」と日ごろから考えるようになると、自分自身の新聞や専門書の読み方自体が変わりました。「新聞はこう書いているけれど、これでみんなにわかってもらえるんだろうか」「この内容をよりわかりやすくするには、どういう説明をすればいいんだろうか」と常に考えながら読むようになりました。結果的に、自分の読解力が上がっていったと思います。

そうして私の持論が生まれました。

ものごとを理解するいちばんの秘訣は、「アウトプット（発信）を意識したインプット（情報収集）」なのです。すなわち、なにごとも人に説明する前提で、問題意識を持って資料にあたり、深く理解する、ということです。

たとえば「週刊こどもニュース」のキャスターを務めていたとき、ニュースに日本銀行（日銀）が出てくると、子どもたちに日銀を説明するにはどうしたらいいだろうか、普通の銀行との違いをどう伝えたらわかってもらえるだろうか、と問題意識を持ち、その上で日銀についての専門書を読むと、内容がよく理解できました。これが「アウトプット（発信）を意識したインプット（情報収集）」で、これを常に心がけていると読解力が上がっていきます。

今では新聞にわかりにくい記事が載っているのを見つけると、「しめた」と思うようになりました。「これを私が説明しよう、仕事のネタができたな」と嬉しくなるのです。

第４章　読解力はいつでもどこでも伸ばせる

1 「書いて鍛える」

わかりやすい報告書のコツ

読解力を鍛える具体的な方法は、「書く」「聞く」「伝える」、そして「読む」ことです。「読む」だけではないのです。

まずは「書いて鍛える」。読者のあなたも、ぜひ自分で文章を書いてみてください。いい文章を書こうと自覚的に努力するようになってから、いわゆる名文、文章の上手な人の文章を読むと、「ああ、こんな工夫があるのか」と理解できるようになるからです。

たとえばサッカーをやったことがない人がプロサッカーの試合を観戦しているとき、ゴールを決めた選手がすごいことはわかります。しかしそのシーンをプロが見れば、ゴールしやすいボールをセンタリングした別の選手のすごさがより際立っている、という場合がありま す。サッカーは自分でやってみて初めて、プロの選手の妙技がわかるのです。

プロ野球も同様です。野手で守備がうまい人は、打者が打った瞬間に球の飛ぶ方向を見極めて走り出しているからボールが捕れるのです。ボールの軌道を確かめてから走り出していたら間に合わないということは、自分が野球をやってみて初めてわかります。

文章を書くのも同じことです。普通にただ読んでいるだけでは、プロの著者のすごさはわかりません。自分でも書いてみて初めてわかるということです。

これはビジネスの場面でも同様です。ビジネスにおいては必ず、報告書などの文章を書く場面があります。そこで自分でも書くようになってようやく、相手に誤解されないようなわかりやすい報告書とはどういうものなのか、ということを意識するようになります。そうして他の人の報告書を読むと、これはわかりやすいな、これはわかりにくいなということに気づけます。

文章がわかりやすい人を見つけたら、その人の報告書を片っ端から読んで、「この人の書く文章はどうしてわかりやすいんだろう」と考え、そのコツを盗みましょう。

読み書きについて自覚的に取り組もうと勧めるのは、実は私自身が、子どものころに作文も読書感想文も嫌いだったからです。そんな私が、今では何十冊もの本を書き、書評も書いているのですから不思議なものです。

私が文章を書こうと思ったきっかけは、大学生のとき「マスコミに就職したい」と考えたことでした。マスコミの場合は入社試験で、必ず小論文や作文を課すので、書く練習をせざるを得なくなりました。

そこで勉強のために、「名文」と言われる新聞の一面のコラム、「天声人語」「余禄」「編集手帳」などを自覚的に読み始めたところ、文章でこんなにも人を感動させたり、唸らせたりできるんだ、よい文章とはこういうものなのか、ということに気づいたのです。子どものころは、文章が上手かどうかなどはわからずに、漫然と読んでいました。

そうして名文を参考にしながら、小論文や作文を書き始めました。必要に迫られて始めたことですが、いつの間にか、文章を書くこと自体が苦ではなくなっていました。

なぜ上手な作文が書けなかったか

小学生のころ、作文や読書感想文を書くことが嫌いだった理由は、当時の先生が「これくらいは当然書けるものだ」という前提で、指導も何もせずにただ書くことを強要してきたからだと思います。

たとえば遠足から帰ってきた翌日、「遠足についての作文を書きなさい」と言われます。「自由に何を書いてもいい」と言われても、子どもにしてみればそれがいちばん困ります。結局わからないので、「朝起きて歯を磨いて顔を洗い学校に行きました。学校のグラウンドにバスが待っていました。バスに乗って山に行きました」などと、盛り上がりもない、ダラダラと時系列で書かれた作文ができ上がります。

　ここでは先生がアドバイスをする必要があります。「昨日の遠足でいちばん楽しかったことを中心に書いてごらんなさい」、あるいは「いちばん楽しかったこと、あるいはいちばん残念だったこと、どっちでもいいから記憶に残ったことを書きなさい」などと言われると、書き出すためのヒントになります。

　読書感想文も同様です。「この本を読んで感想を書きなさい」だと、子どもはどこから手をつけていいかわかりませんが、先生からのちょっとしたアドバイスがあると違ってきます。

「この本の中でいちばん楽しかったところはどこ？　いちばん悲しく思ったところはどこなの？」「この著者は何を言いたかったんだろう？」などの問いかけを手がかりに、感想文は書いていけるはずです。「何でもいいから書きなさい」と宿題として丸投げされるパターンは、最悪です。

　先生それぞれの力量という問題もありますが、「わからない子の気持ちがわからない」という問題もあるのではと思っています。国語の先生になるということは、子どものころから本をいっぱい読んできて、文章を書くのも読むのも得意だったはずです。それらが苦手な人に対して、何をどう教えていいかわからないのです。

数学の先生も同様です。数学の先生に教え方が下手な人がいるのは、先生自身がずっと数学ができる子どもだったから、というパターンが多いのです。数学ができない人の気持ちがわからず、「どうしてこんなに面白いことがわからないわけ?」などと思ってしまうのです。

長髪にバンダナがトレードマークで、テレビなどで数学の魅力を子どもたちに伝える活動を行っている数学者の秋山仁(ひとし)先生は、自身のことを「ものわかりが遅く、勉強が嫌いな子どもだった」と述べています。

授業中に先生から「まだ理解できていない人は手を挙げなさい」と言われると毎回挙げていた、2度目の説明でもわからないため、授業についていくことは諦め、独学で勉強をしたそうです。でも「ものわかりが悪かったから考える力が培われ、数学者になった」「算数もそれほど得意ではなかったけれど、好きではあった。好きなことをずっと続けていたら、成り行きで数学者になった」と述べていました。

そして特任副学長を務める東京理科大学に2013年、「秋山仁の数学体験館」をオープンしました。子どもたちが数学を五感で体験し理解するきっかけとして、また数学が日常生活のどんな場面で役に立っているのかを伝えるために、作ったそうです。

好きな気持ちがあれば、勉強も楽しくなるということを自身が身をもってわかっているからこそ、子どもたちにわかりやすく教えることができるし、数学を好きになるきっかけを作ってあげられるのでしょう。できないところから一生懸命勉強してできるようになった先生だからこそ、教え方が上手なのだと思います。

だからといって、「国語が得意な人は国語の先生になってはいけない」ということではもちろんありません。教え方が上手なベテラン先生は、授業がわからない子たちにわからせようと何年も悪戦苦闘することによって、わからない子どもたちの気持ちを理解でき、効果的な教え方にたどり着いていきます。先生たちは生身の子どもたちに向き合って、「この子は何がわからないのか」ということを読み解き、それぞれの子に合った指導をしてほしいと思います。

書いた文章を人に読んでもらおう

わかりにくい文章を書いている本人にその自覚がないというケースは多々あります。やはり、自分以外の人に読んでもらって「ここがわからないよ」と指摘してもらうことが、文章が上手になる近道であり、いちばん大事なことです。

私の場合も、ＮＨＫに入って新人記者としていろいろな記事を書き始めたころは、まだまだでした。ある日書いたものをデスクに渡すと、「お前は中間搾取をしている」と言われました。何のことだか、意味がわかりません。

この発言の意味はつまり、「お前はいろんなことを取材して、いろんなことを知っているくせに、ほんのわずかなことしか書かず、大事なことが抜けている。この記事を読んでも何のことだかわからない。取材した中身を自分のところにとどめていて、相手に届けるための記事になっていない」ということだったのです。

独りよがりにならず、視聴者にわかるような原稿を書くためには、何が必要なのか、何をどのように順序立てて書いていけばいいのかということを、意識的に考えるきっかけになりました。

小林秀雄に限らず、文章を書く側の問題というのも大いにあります。たとえば役所から出される書類の文章。コロナ禍を受けての２０２０年春ごろの各種給付金申請についても、申請に至るまで複雑で大変だという話をあちこちで聞きました。役人は制度を厳密に運用するためにという一存で文書を書きますので、一読しただけでは一般の人が理解できないものになりがちです。これはまさに、役所の人たちが因数分解をできていないから、つまり諸条件をきちんと分類できていないからなのです。

事業持続化給付金も、受けとるためにはさまざまな条件がついています。こういう人は支給対象です、こういう人は対象外ですということを、きちんとはっきり分ける、まさに因数分解すればいいのに、それができないのでダラダラとよくわからない文章を書いてしまうのです。「複雑すぎて理解できない」と多くの人に思われる文章は、書く側に責任があるのだと私は思っています。

書いた文章を読んでもらう機会として、ＳＮＳやブログを使ってみてもいいでしょう。そうすることで不特定多数の人からわかりにくいと指摘されたり、あるいは思わぬかたちで炎上してしまったりして初めて、「自分の書き方が言葉足らずだったんだ」と気がついたり、さらに言えば炎上しないように書くにはどうしたらいいのだろうかと気配りしたりすることができます。誤解されない文章の書き方について、注意深くなることができますね。

絵文字が読解力を低下させる

「文章を書く力」そして「文章を読み解く力」の対極にあるのが、絵文字やＬＩＮＥ（ラ イ ン）スタンプです。これらが読解力低下の原因になると私は考えています。

LINEでは、短い文章とスタンプで、会話のようにテンポよくやり取りをする人が多いでしょう。感情表現を文章で綴らず、スタンプや文章内の「絵文字」に頼ってしまうことで、**受け手側は「文章で真意を理解する機会」**を、**送り手側は「文章で真意を表現する機会」を失い、つまりは読解力を鍛える機会を失っているのです。**

たとえば「お前、バカだな」という文章は、これだけだと相手を罵っていると誤解されます。「バカだなぁ〜」と、あきれつつも優しく言っているのだと相手にわかってもらうためには、これまでは誤解されないための文章を一生懸命考えなければなりませんでした。絵文字の登場により、今では「お前バカだな」の文末に笑顔の絵文字を貼りつけるだけで、文字どおりの「バカ」の意味じゃない、と伝えられます。

スタンプも同様です。爆笑している様子、にやりとした笑顔など、自分の心情に合わせたスタンプを選ぶだけで、相手に誤解されないように真意を伝えることができるでしょう。

あるいは、「バカだな（笑）」と文末に「（笑）」を書くことでも、罵っているわけではないと伝えられます。最近はビジネスの場面でも、親しい間柄であればメールで「こんなことがありました（汗）」などと書いてしまう人もいるようです。

絵文字、スタンプ、記号がないと、文章で詳細に説明しなければならないので、不便ではあります。しかし楽なほうに流れていけば、文章の意味、行間などの深い「文意」を読むこと、すなわち読解が苦手になってしまい、さらに書く力も失われます。

就職活動前の学生にアドバイスを求められた際には、これらの絵文字などを使わずに生活をしてみるように勧めています。文章だけで自分の気持ちを誤解されないように書いてみる訓練は、エントリーシートを書くときにも、就職後にビジネスメールを書くときにも役立つでしょう。

スマホが脳の発達を止める!?

さらにＬＩＮＥに関しては、読解力以外にもさまざまな悪影響が懸念されています。

ＬＩＮＥにまつわるものとして「既読スルー」という言葉が流行し、今や市民権を得ている感があります。ＬＩＮＥやＷｈａｔｓＡｐｐ（ワッツアップ）などのチャットアプリは、受信者がメッセージを読むと送信者の画面に「既読」という文字が出るため、相手がメッセージを読んだかどうかが送信者にわかる仕組みになっています。

読んだ事実があるのにその返信が来なければ、送信者は、どうして返信してくれないんだろうとヤキモキしてしまいます。そのためこの「既読なのに返信しない」行為は、相手への非難の意味を込めて「既読スルー」と呼ばれるようになりました。これを発端とした痛ましいいじめなども起きました。

今の子どもたちは、メッセージを読んだらすぐに返信しないと友人から非難されると恐れ、四六時中スマホを手放せなくなっています。周囲との同調圧力がことさら強く、なかなか「わが道を行く」態度がとれないのは思春期ならではでしょうが、この「既読スルー」を恐れてスマホの着信ばかり気にしてしまう行動は、学力に大きな問題が出ることがわかっています。

東北大学の加齢医学研究所所長、スマート・エイジング学際重点研究センター長の川島隆太教授が子どもたちに行った心理実験では、作業中にタイマー音を鳴らしても作業にそれほど影響は出ませんが、ＬＩＮＥの通知音が鳴ると途端に注意力が低下し、作業効率も落ちることがわかったそうです。つまり「ＬＩＮＥでメッセージを受け取った」という情報は、集中力を著しく低下させてしまうのです。

さらにスマホやタブレットを頻繁に使う子どもたちは、脳の発達が止まることが証明されたそうです。その理由については研究が進められている最中ですが、心理学の世界では「スイッチング」と呼ばれる行為に問題があると考えられています。

スイッチングとは「何かに集中しているときに妨害が入り、別のことをやり始める」ことのくり返しにより、ひとつのことに集中する時間が極端に短くなる現象を指します。スマホは特に、さまざまなアプリをストレスなく簡単に操作できるよう設計されているため、スイッチングが起きやすくなります。スマホの使用中は「脳が何にも集中できていない状態」になり、ひどい場合には脳に損傷を与えてしまう場合さえあるというのです。

ＬＩＮＥやスマホの使いすぎは、読解力のみならず脳にも悪影響を及ぼすということです。

日本の10代はチャット好き

さらに日本の子どもたちは世界各国の子どもたちと比べても、ＬＩＮＥなどの「ネット上のチャット」を使う頻度が高いことがわかっています。

日本の読解力の順位が低下傾向にあることがわかった２０１８年のＰＩＳＡ調査では、ＩＣＴの活用に関する生徒たちへのアンケート調査も同時に行っているのですが、ネット上のチャットを「毎日する」「ほぼ毎日する」と答えた学生は日本で87・3％でした。ＯＥＣＤ

平均の67・2%と比較して20・1ポイントも高いのです。２０１２年調査では26・8%だったので、日本ではこの6年で60・5ポイントも増加しました。日本の高校1年生の多くにとってＬＩＮＥは必需品となり、生活が激変したことが読みとれます。

ちなみに日本で使われているチャットアプリは圧倒的にＬＩＮＥが優勢ですが、世界で最も使われているチャットアプリは米国Ｆａｃｅｂｏｏｋ社のＷｈａｔｓＡｐｐで、２０２０年2月時点で約20億人もの利用者を抱えています。他にもＦａｃｅｂｏｏｋ Ｍｅｓｓｅｎｇｅｒ、中国のＷｅＣｈａｔなどが海外ではよく利用されています。

また総務省の２０１８年度「情報通信メディアの利用時間と情報行動に関する調査報告書」を見ると、いまや10代の90・8%がスマホを利用しているそうです。この調査における「10代」は13〜19歳なので、主に中・高生を指しています。インターネットの一日あたり平均利用時間はその10代が最も多く、平日の3時間弱、休日ではなんと5時間弱、インターネットを利用しています。

では10代はネットで何をしているのでしょうか。平日の内訳は、「ソーシャルメディアを見る・書く」が71・6分、「動画投稿・共有サービスを見る」が60・1分、「オンラインゲーム・ソーシャルゲームをする」が45・1分などとなっています。休日の内訳は、「ソーシャルメディアを見る・書く」が98・7分、「動画投稿・共有サービスを見る」が95・4分、「オンラインゲーム・ソーシャルゲームをする」が69・1分などです。

ソーシャルメディアの中で10代がよく利用しているものは、先述のＬＩＮＥが最多で、88・7％の利用率です。続いてツイッターの利用率が66・7％、Ｉｎｓｔａｇｒａｍ（インスタグラム）の利用率が58・2％となっています。動画投稿・共有サービスでは、ＹｏｕＴｕｂｅ（ユーチューブ）の利用率が91・5％で最も多く、次いでＴｉｋＴｏｋ（ティックトック）の利用率が39・0％です。現在の中・高生は、ＬＩＮＥやＹｏｕＴｕｂｅに日々多くの時間を費やしているのです。

2 「聞く」と「伝える」で鍛える

「聞く力」を上げる質問のコツ

次に、他者とのコミュニケーションの「場」を読み解く力を鍛えるために、「聞く力」と「伝える力」を鍛えていきましょう。

私の場合、NHKで「週刊こどもニュース」に11年間携わり、毎週生放送で小学生や中学生にものごとを説明してきた経験が、「聞く力」と「伝える力」を鍛えるのに役立ったと思います。相手が何を言いたいのか、質問の意味はどういうことで、本当に知りたいことは何だろうかと思案したり、あるいはこういう伝え方でわかるだろうかと試行錯誤したりしてきた経験です。

第一に大切なのは、**「相手が何を言いたいのか」を常に考えながら聞く**ということです。相手がよほどプロの伝え手でもなければ、会話においては普通、言葉足らずな言い方をしているに違いないのです。

ちょっと言葉足らずな説明や報告を受けたときに、「たぶんこういう意味だろうな」と自己完結してその場を流してしまうのではなく、「それってどういうことなの?」「何か説明が抜けているんじゃないの?」などといち早く察知し、聞き返す習慣をつけましょう。**ポイントを突いた「いい質問」ができるようになれば、読解力が身につきます。**

日本人は引っ込み思案というか遠慮するというのか、みんなの前であまり質問をしません。それではダメです。わからないところをわからないで済ませないで、「何がわからないのか」を常に考えて質問することが大事です。

ただ上司に関しては、その上司に人間的な包容力があるかないかで対処法が変わります。包容力がある上司なら、何を質問しても答えてくれます。しかし包容力のない上司なら、大人数の会議の場などで「部長、それはどういうことですか?」などと質問をすると、「お前はそんなこともわからないのか」とけなしてきたり、さらにひどい場合には「お前は俺に恥をかかせて、逆らう気か」なんて言い出したりしかねません。

そんな器の小さい上司に対する処世術としては、会議が終わったあとなどに「すみません部長、私の理解力が足りなくて、ここのところがわからなかったんですけど」とへりくだりつつ聞くほうがいい場合があります。

聞き上手な人のリアクション

質問に関しては、リアクションで補う手もあります。相手が言葉足らずな説明をしたときに「それはどういうことですか」「意味がわかりません」などと言ったら、相手によっては萎縮しますし、人間関係にもヒビが入るかもしれません。そこで活用できるのが、ノンバーバルコミュニケーションという言語以外での身体表現です。

よくわからないときは「え？」と言いたげに首を傾げる、わかったときには「うんうん」としきりに頷く。これは実は、テレビの世界に入って学んだことです。

通常の会話で私たちは、「はい」「うん」などと声であいづちを打っています。そうしないと相手もしゃべりにくい。あいづちを打って初めて会話が成立します。

しかしテレビカメラを持って相手にインタビューする場合、聞き手がいちいち声であいづちを打っていると、それが全部音として入ってしまい、相手の話のみで編集したいのにできなくなってしまいます。一方であいづちを一切打たないでマイクを向けると、相手がしゃべりづらくなります。

そこで、ノンバーバルコミュニケーションです。聞き手の自分はカメラに映らないところで、身振り手振りであいづちを打つのです。相手の話す内容がよくわからなかったら、表情で「え？」という顔をする。よくわかるときにはしきりに頷く。結果的に、相手がこの「声を出さないあいづち」に励まされてしゃべってくれます。

つまりコミュニケーションにおいて「よい聞き手」になるということは、全身を使ってよい聞き手になるということです。

テレビ番組で画面の隅に小さな窓のようなものが出て、出演者の表情が映っているのを「ワイプ」と言います。そこに映るその表情は大変参考になります。出演者たちは、頷いたり、小首を傾げたりしながら映っています。話し手はそういった表情を見ると「あ、ちょっとわかりづらかったんだな。じゃあもうちょっと説明しよう」という気になります。これが聞き上手への第一歩です。

特に小首を傾げるときには、下の方から上目遣いで見上げてみてください。そうすると相手に威圧を感じさせず、へりくだった立場で「教えてください」というふうに受け取ってもらえます。

プロカウンセラーの聞き方

聞き上手とは、相手と同じ気持ちに立って、相手が一体何を言いたいのか、相手の言うことを一生懸命理解しよう、というように共感が上手な人を指します。そうだよね、自分もそう思うよ、遠慮しないでもっと言ってね、という態度を出すことによって、相手の言葉を引き出すことができるのです。

カウンセラーはそういうことに長けている人で、共感力が最も必要です。いろいろな相談に対して「あなたの気持ちはわかりますよ」「そうだよね、大変だよね」と頷くことで、相手を「もうちょっとしゃべってみようか」という気持ちにさせる。

優れたカウンセラーは不思議なもので、アドバイスをする必要がないんだそうです。ただひたすら共感力をにじませながら聞いていて、相手は自分の思いをありったけしゃべれたことで満足したり、しゃべるうちに自分で解決策を見つけたりして、満足して帰るのです。

NHK「週刊こどもニュース」では、スタジオ収録で子役の子たちと会話をするだけでなく、実際の学校に行って小学生や中学生と会話をする機会もありました。

そのときに心がけていたことは、常に視線の高さを同じにするということです。普通に立って、子どもたちを上から見下ろすかたちで会話をするのではなく、膝をつくなどして相手の視線と同じになるようにします。それによって相手を理解したいという気持ちが相手の子どもにも伝わるのです。大人同士であれば、しっかりと視線を合わせるということです。自然と動作にも表れる「理解しようとする心」こそが、読解力だとも言えるでしょう。

ちなみにテレビ取材では、子どもを撮影するときにはカメラマンも膝をついて撮っています。子どもの顔を真正面から撮ると、よりかわいらしく撮れるのです。

相手の質問のポイントを察知する

質問される側になった場合には、まず聞いてきた相手が何を知りたくて、どういう意図で聞いているのかということをすぐに察知しなければいけません。子どもはもちろん、大人でも、いい質問をうまくできる人は案外いないものです。自分が本当に聞きたいことはこれだ、と質問のポイントを絞り、きちんと筋道立てて質問ができる人は少なく、何を質問しているのかよくわからない聞き方をする人たちのほうが多いのです。

質問をしてきた相手はそのことについてどれだけの知識を持っているのか、または持っていないのか、持っていない場合にはどこから話を展開していけばいいのか、ということを常に意識しましょう。

私の番組では、スタジオにいるゲストと視聴者の両方に配慮しながら答えています。たとえば、ゲストがあるニュースのことについて専門的な用語を知っていて、「これは○○と言われていることですよね。でも、どうして起きたんですか」と質問してきたとき、そのゲストと1対1の場であれば「その理由はね」とすぐに質問に答えられますが、一方で視聴者がいます。そこでカメラのほうを見て、「○○とはこういう意味の言葉です」と解説をしてから、ゲストに「それが起きた理由を質問されたんですよね？」と確認をとり、それについて答えていく、というかたちで進めていきます。

目の前のゲストと視聴者、どちらにどれだけの基礎的な知識があるのかと常に意識しながら進める、ということです。

オンライン授業で取り払われた壁

私が教壇に立っている大学の中で、いわゆる難関大学と呼ばれる東京大学や東京工業大学の学生たちは、質問も積極的にしてくれます。

子どものころから何かやるたびにすごいねと褒められ、「自分はできるんだ」という自信がつくと、それでまた勉強していく、という好循環が生まれ、自己肯定感が育まれます。自己肯定感が高いと、質問することを恥ずかしく思ったりせず、人前でも堂々と手を挙げられます。

ただし、1年生は質問を積極的にしてくれますが、2年生、3年生になるにつれてだんだん手が挙がらなくなっていく傾向はあります。全国から集まってきた秀才たちと学生生活をすごすうちに、自分よりも頭がよい人がたくさんいるという事実に気づいてしまい、だんだんと自信を喪失してしまうからではないか、と推測しています。

某有名私立大学では、講義中にそれほど質問が出ないのですが、講義が終わってからずらりと質問のための行列ができます。人前での質問は恥ずかしいようです。

一方、別の私立大学では、「質問がありますか?」と訊ねても何も反応がありません。講義が終わればみんなさっといなくなってしまいます。それではと、講義中にこちらから学生へ何か質問をすると、間髪を入れず「わかりません」と返ってきます。

「自分で考えてみてわからなかった場合は、そう言ってもらって構わないけれど、まずは考えてみよう」と諭すことになります。子どものころから成功体験が少ないまま、「自分が考えてもわかるはずがない」という思い込みをしているのではないかと思うと残念です。

しかし2020年春、新型コロナウイルスの影響で思わぬ発見がありました。緊急事態宣言の発出に伴い大学が開講できなくなったことで、パソコンやスマホでオンラインセミナーやミーティングができるZoom(ズーム)アプリを使ってオンライン講義をすることになりました。

Zoomにはオンライン動画での会話中に、テキスト（文章）でチャット（会話）ができる機能があります。そこで学生たちに、講義中に質問があればチャットに書いてくださいと言ったところ、質問が圧倒的に増えたのです。対面講義では200人の学生の前で挙手をして質問をすることに心理的ハードルがあるのですが、チャットだと気軽に書けるようです。講義中にチャットに書き込まれた質問に答えていくことで、対面で講義をする際よりも、双方向感が出ました。

これは今の若い人たちならではの現象かもしれません。チャットで短文を書くということは、LINEやツイッターといったSNSでいつもやっていることです。むしろ今の子たちは、話すよりも書くほうが、ハードルの低い行為のようです。

質問とオンライン授業との関係については、ある小学校の先生の話も興味深いものでした。オンライン授業でひとりずつ指名して「Aさんはこれについてどう思いますか？」などと訊ねると、対面授業では発言の少なかった子が、活発にのびのびと話してくれたそうです。級友たちも画面を通じてやり取りを見ているのですが、物理的に自分の周りに他の子たちがいないという環境では、マンツーマンで先生と会話をしている気分になり、堂々と質問に答えられるようです。

また青森市が2020年4月から始めた双方向のオンライン授業には、前年度不登校だった生徒の75%近くが参加し、うち小学生の86・4%、中学生の92・5%が、学校再開後に登校したという効果もありました。オンライン授業が、不登校の子が「もう一度学校に行ってみよう」と思うきっかけとなったのでしょう。

もちろん授業は対面が望ましいのですが、対面授業に欠けている部分をオンライン授業で補うという使い方ができれば、今後も継続して活用してみていいのではと考えています。

「人に説明する」が秘訣

読者のあなたも、ぜひ実際に「人に説明する」経験を積んでいきましょう。

これは何も、ニュースを解説しましょうということではありません。生活の中で「説明をする」シーンはたくさんあるはずです。その際に、意識してわかりやすく説明するように心掛けましょう、ということです。

私が人に何かを説明するときのポイントとして、常に心がけているのは「つかみ」です。つかみと言っても、お笑い芸人のように冒頭で面白いことを言う、といったことではありません。映画などの「最初に謎が定義されて、その後謎がだんだん解けていく」というタイプのつかみでもありません。映画のような作り方は、映画館でお金を払って2時間かけて見ようとしているからいいわけですし、飲み会で場を盛り上げる話し方としてはありうるでしょう。

しかし、仕事の席で「取引先とどんなやり取りをしてきたか、簡単に話せ」というときに謎かけなどをやっていると、上司は怒り出してしまいます。

そういうときはとにかく、**相手が知りたいことをまず伝えるべきなのです。**得意先に売り込みに行ったことの報告であれば、上司は売り込みが成功したのか失敗したのかをまず知りたいはずです。そんなときに「今日売り込みに行ってきました。そうしたら相手はこう言ったものですから、私はこうやって説得をしまして、最終的に契約を勝ち取りました」などと時系列でのんびりと説明していては、相手はイライラし、「契約がどうなったのか最初に言えよ！」となるわけです。

そうならないために順番を逆にして、まず「部長、契約が成立しました」と報告します。

「でも実は、そこまでいろいろあったんですよ」と伝えれば、相手は安心して聞いてくれるわけです。説明をするそれぞれの状況において、話し相手の求めていることを理解し、まず冒頭に何を言えばいいのかをよく考える、ということです。

報告がうまくなる秘密のフレーズ

ＮＨＫの若い記者向けの研修で、私が「記者レポートの方法」の先生を務めたことがあります。そのときに教えたことは、事件や事故が起きて現場から何か報告をしようとするときは、まず**「みなさん、とにかく大変なんです」と頭の中で言い、そこからコメントを考えてみろ**、ということでした。そうしたらそのあとに、いちばん大事なことが言葉になって出てくるはずだ、と。

たとえば、「(みなさん、とにかく大変なんです。) 渋谷のＡビルで大きな火災が発生しています」。そこからさらに伝えるべきストーリーを組み立てていきます。「(みなさん、とにかく大変なんです。) 渋谷のＡビルで大きな火災が発生しています。現場は渋谷駅から徒歩5分で、多くの人が行き交うＢ通りに面しています。Ｂ通りは通行規制をしています。けが人は現在わかっている範囲で10人程度いて、駆けつけた救急隊員が手当てをしています。現在も懸命の消火活動が続けられています」と。

そうして実際の本番では、「みなさん、とにかく大変なんです」は言わず、その次に用意した言葉、「渋谷のＡビルで大きな火災が発生しています」から話し始めるのです。

この話し方は、友人との会話でも使えます。「ちょっと聞いてよ。私びっくりしたのよ。Ａさんがこんなことになったんだって」と言いたくなりますが、冒頭部分はカットして「Ａさんがこんなことになったんだって」と切り出せば、ポイントを突いた説明になるということです。

状況と話し相手の求めていることを理解し、「つかみ」で何を言えばいいのかをよく考える。そのためには、要約する力も必要になってきます。

50文字以内に要約する練習法

情報を人に説明するために必要な要約力に不安がある人は、本や新聞を使って訓練しましょう。

たとえば新聞の一面に載っているコラムを、50字以内、１００字以内などに要約してみましょう。すると「この話は要するに何を言いたいんだろう？」と一生懸命考えることになります。結果的に読解力も鍛えることができます。

子どもが出来事を時系列でだらだらと説明するのはご愛敬ですが、大人はそうもいきません。「要するに一言で説明すると」という要約力が求められます。周囲の人たちに「一言で言えよ」「要するにどういうことだよ」などと言われた経験がある人は、「要するに」という要約ができていない、ということです。要約が上手になると、人に何かを説明しようとするときにコンパクトに説明ができます。

作文力をつけたい人や子どもたちは、コラムの書き写しをしてみましょう。「天声人語書き写しノート」なども販売されています。書き写しによって、いわゆる名文というものはどのような工夫がしてあるかということを知ることができます。書き写しが導入編、要約が応用編です。

ケネディとオバマの名スピーチ

より上手に説明したいという人には、応用編ですが、歴史上の名スピーチを学ぶこともお勧めです。

私が初めてスピーチに感動したのは、１９６１年のジョン・Ｆ・ケネディのアメリカ大統領就任演説です。私が小学5年生のときの演説ですが、本に掲載されていたのを、中学生のころに読みました。

有名な「あなたの国があなたのために何ができるかを問うのではなく、あなたがあなたの国のために何ができるのかを問うてほしい」というフレーズでした。国への奉仕を求めるなんて国家主義的だなとカチンと来る一方で、うまい言い回しだ、こうやって人々の心を摑むのかと感心するという、ちょっと二律背反的な思いを抱いたものです。

近年感心したスピーチと言えば、２０１６年5月27日、バラク・オバマ氏が現職のアメリカ大統領として、初めて被爆地広島を訪問した際のスピーチです。その年の「広島原爆の日」となる8月6日、広島のテレビ局の特番で、内容をすべてボードに書き起こして解説しました。このスピーチも二律背反的で、よくも悪くも見事なのです。

冒頭から、「71年前の明るく晴れわたった朝、空から死が降ってきて世界は一変しました」と始まります。その「死」をもたらす原爆を落としたのはアメリカであるにもかかわらず、不可抗力のような言い方をして、さりげなくアメリカの責任を認めない言い回しとなっています。

一方で、全体的には被爆者に寄り添った演説に聞こえます。「私たちは、あの恐ろしい戦争、それ以前に起きた戦争、そしてこれから起こるであろう戦争の犠牲になった罪のない人々のことを忘れてはいません」として、核兵器の廃絶や戦争の回避、終結を訴えました。

なおスピーチには「樽爆弾」という単語も出てきました。「今日世界を見渡せば、粗雑なライフルや樽爆弾さえも、恐ろしいほど大きな規模での暴力を可能にする」とさらりと述べています。樽爆弾とは、一般的にはあまり知られていないと思いますが、シリア政府軍が反政府勢力に対して使っている爆弾のことです。

オバマ氏としてはシリアのアサド政権を面と向かって非難するのではないけれど、非人道的な戦争がシリアで行われているということを、「樽爆弾」という単語で示唆し、国際情勢がわかる人にはわかるように非難を伝えました。これはちょっと専門的な読み解き方ではありますが、こうした微妙な言い回しに鋭く気づけるようになるのも、読解力を磨く醍醐味です。

親子で表現力を上げる会話法

普段の日常会話でも、読解力を鍛えることはできます。まずはきちんと文章にして会話をするように心がけるのです。特に子どものいる家庭は意識してみてほしいと思います。

今の親たちは、先回りして手取り足取り、子どもに過保護に接してしまいがちです。たとえば、子どもが「あれは？」と言うだけで、母親がすぐに察して、「これね」と持ってきてしまいます。これでは結果的に、子どもは表現力も身につきません。

親はグッと我慢をして、「何が欲しいの？　ちゃんと文章にして言ってごらんなさい」と促すべきです。「お母さん、紙」と子どもに言われたときにも、言わんとしていることがわかっていたとしても素知らぬ顔をして、「紙がどうしたの？　トイレットペーパーの紙なの？　それとも落書きする紙なの？」「何の紙が欲しいのかちゃんと言ってみなさい」と促しましょう。

子どもは、文章にして会話をする必要がないとなると、楽なほうに流れます。それでは自分の表現能力が落ちていきますし、そのまま読解力も落ちていきます。表現することと読みとることとは、表裏一体の関係なのです。

逐一このような丁寧な会話をするとなると、親も面倒くさいでしょう。子どもがなかなか言葉にできないとついイライラして、先回りをしたくなってしまいます。ですがこれは、伝える力を身につけさせるための訓練なのです。ぐっと我慢してわからずやのふりをし、根気強くつきあってあげてほしいと思います。

きちんとした文章で会話をするということは、ＳＮＳ上でも大切です。価値観の似た者同士が集まりやすいネット上の世界では、細かく説明をしなくても「だよね」と同調し合うことで話がどんどん進んでいき、主語、述語、目的語などを省略しがちですが、それでは誤解を生む危険性があります。

たとえば、今から友人と出かけようというときに大雨が降ってきた。「（大雨が降ってきて）行くのがだるい」などと送ってしまうと、相手に「私と出かけたくなくなったってこと？　それとも体調が悪いってこと？」と誤解や混乱を招くでしょう。

集団には価値観の違う人間がいたほうが、おたがいにきちんと説明し理解をし合う必要が生じるので、読解力をつけるという意味ではいいのです。こういう観点からすると、核家族化が進んだことはやはり問題だなと思ってしまいます。

昔は祖父母が身近に住んでいて交流も頻繁にありました。おじいちゃんやおばあちゃんに子ども同士の流行語で会話をしようとしても理解してもらえませんので、子どもは一生懸命言葉を紡いでいかないといけませんでしたし、おじいちゃんやおばあちゃんの言っていることを理解するのには結構な努力が必要でした。これが結果的に、コミュニケーション能力をつけ、ひいては読解力をつけていくことにつながっていました。

さらに祖父母との会話では、昔の出来事や、難しい単語が出てくるので、知識が増える機会にもなっていました。先日クイズ番組を見ていると、写真を見て名称を答える問題で、若いタレントたちが湯たんぽや茶筅（ちゃせん）の名称を答えられない、というシーンに出くわしました。これも核家族化が生んだ問題点でしょう。

ちなみに今の子どもたちには、電話と言えば携帯電話で、固定電話を見たことがない、かけられないという子が多くいます。私の学生時代には固定電話しかありませんでしたが、固定電話だったからこそ、敬語を身につけられたとも思います。

当時は同級生の女の子に電話すべき用事などが発生すると、固定電話で連絡しなければなりませんでした。すぐに本人が出てくれるとは限らず、たいていの場合、父親が電話に出たりしたものです。

女生徒の父親に、自分は怪しい者ではないということをまず理解してもらわないと取り次ぎすらしてもらえません。電話をかける前にはプレッシャーがありました。父親が出た場合にはどういう言い方をすればいいだろう、と自分なりに考えてシミュレーションをし、敬語を練習したものです。

「私、おたくの娘さんと同じ高校の同級生の池上と申します。クラスの用事でお電話をいたしました。Aさんはいらっしゃいますでしょうか？」などと、あらかじめ考えて電話をしていました。今ならひとり1台の携帯電話がありますから、いきなり「あのさぁ」とタメ口で話せます。便利になった分だけ、敬語を使う能力、あるいはコミュニケーション能力全般が、削ぎ落とされてきていると感じます。

最近は新入社員が「会社の電話をとるのが怖い」と感じるそうです。普段、携帯で知り合いとタメ口でしか話していなかったのですから、いきなり誰だかわからない人から固定電話に着信があるということは、まったくの未経験でしょう。怖いのも仕方がないなと思います。

3 「新聞」を読んで鍛える

連載記事で読解力レベルが測れる

もしもあなたが「自分には読解力があるのだろうか」と不安に感じるようでしたら、まずは自分の読解力レベルを測ってみましょう。お勧めの方法は、新聞の連載記事を読むというものです。

連載記事とは、連載小説のことではなく、何か大きなニュースが起きたときに4～5回のシリーズで書かれるものです。新聞記者が「これはぜひ読者に読んでもらいたい、理解してもらいたい」と非常にわかりやすく工夫して書いています。全国紙、地方紙を問わず、不定期に連載されています。たとえば、2019年度新聞協会賞を受賞した日本経済新聞社の「連載企画『データの世紀』とネット社会に関する一連の調査報道」などの記事がこれにあたります。このような記事を読んでみて容易に理解ができれば、あなたの読解力は合格と言えます。

通常の新聞記事には、確かに難しいものがあります。日経の一面トップの記事などは、金融マンや投資家など専門家向けの記事であることも多いため、それを一読して理解できないからといって危機感を持つ必要はありません。でも連載記事の意味がわかりづらいということであれば、社会人としては少々問題です。

「何がわからないか」考える習慣

しかし今わからないとしても、諦める必要はありません。大人でも、いくつになっても、読解力を伸ばすことはできるのです。

まずは新聞や本を読むときに「自分は何がわからないのか」を考えながら読んでいくことから始めましょう。

「何がわからないかがわかると、ものごとは半分わかったも同じ」という言葉があります。「わからない」という場合はたいてい、「何がわからないかが、わからない」のです。そのため実は私のテレビ番組では、「みなさん、このニュースはここのところがわからないでしょ？　だからそこを説明しますよ」と伝えます。

すると視聴者や出演者は「あ、そうか。自分はそれがわからなかったんだな」と気づく。気づくことができれば、もう半分わかったも同じなのです。そうして「ここのところは、こういう意味なんですよ」と解説することで「ああ、なるほど」と全部がわかります。

実は「わからない」と言っている人の多くが、自分は何がわからないかがわかっていないのです。

だからこそ、「何がわからないかがわからない」ときは、まず自分はどこがわからないのかを考えてみるべきなのです。世に「速読術」のマニュアル本はあふれていますが、速読でキーワードだけを拾い読みしていては、「よくわからない」「なんとなくわかった気がする」などとなってしまうでしょう。

自分はこの単語がわからないのだろうか、これにまつわる予備知識がないからわからないのだろうか、などと、**何がわからないのかを立ち止まってじっくりと考えてみましょう。それを習慣にすると、読解力は身についていきます。**

「なんだかわからないなあ」と思いながら漫然と読むのではなく、「自分はここがわからない」というポイントを理解しながら読むことが大切です。

読解力を高めるために、くり返しますがぜひ紙の新聞を宅配で購読してほしいと思います。最近では、紙の新聞をとっている家庭は少数派になってしまいました。２０１９年度の「全国学力・学習状況調査（全国学力テスト）」における、中学3年生への生活習慣や学校環境に関するアンケートでも、新聞を「ほぼ毎日読んでいる」生徒はたったの４・５％、「週に1〜3回程度読んでいる」生徒は８・５％、「月に1〜3回程度読んでいる」生徒は15・８％しかおらず、これらすべて合わせても28・８％と、３割にも及びません。

新聞を読むと読解力が高くなるということはＰＩＳＡ調査でも判明しています。２０１８年ＰＩＳＡ調査で「ニュースを読む媒体の好み」で「ニュースは紙でもデジタル機器でも同じくらい読む」と回答した生徒が、読解力の平均得点がもっとも高い、という結果が出ています。

これは「広く世間のできごとに関心がある生徒は読解力がある」という結果のようにも読みとれますが、子どもたちが紙の新聞を読んでいるということは、「家が新聞をとっていて家族で読む家庭環境の生徒は、読解力がある」のだと読みとることもできます。

新聞を読みながら、親子でニュースを話題にしたり意見を交わしたりすることで、学校の授業以外でも思考を鍛え、読解力を高めてほしいと思います。

第５章　楽しく読解力を上げるには、やっぱり読書

1 読書が導いてくれる世界

人を見る目を養うチャンス

読書をすると、楽しみながら読解力を上げていくことができます。それはなぜなのか。私は「さまざまな本を読むことで、人生経験が豊富になるから」だと考えています。

人は生きていく中でひとつの人生しか経験できませんが、読書をすることで数限りない他者の人生や他者の思考を疑似体験できます。

小説であれば、ヒーローやヒロインにもなれますし、悪役にもなれます。場合によっては、人を殺すなどということも本の中では経験します。これはフィクションに限ったことではなく、たとえば今読んでいただいているこの本でも同様です。本書を通して、あなたには私の考え方や経験を追体験していただけるはずです。そうして読書経験を積むことで、人生の経験値が上がっていくのです。

読書によって、世の中には自分とまったく違う考えの人間がいるのだということを理解し、広く受け入れる寛容の心が育ち、人間への洞察力がついていきます。立場の違う人を理解する共感力、すなわち情緒的読解力が身につくのです。

人を見る目が養われることもあるでしょう。小説にはびっくりするような人たちばかり出てくることもありますから、驚くような状況が起きても冷静に判断できるようにもなるでしょう。

そうしてたくさんの本を読むことによって人生の経験値が上がると、同じ20歳でも、ひとりは自分や周囲の人たちの人生経験しか知らない20歳で、もうひとりは読書経験を通じて人生経験が豊富であり、精神年齢は30歳、というくらいの違いが出てくるのは自然なことです。

さらに、自分の行動が他者や世界にどう作用するのか、ということが想像できるようになります。

友達を無視したら相手はどういう気持ちになるか、無視されたことがない人は想像できないかもしれません。しかし読書によって、そういった悪意が引き起こすさまざまな顛末(てんまつ)を知ることで、相手への想像力が働き、他者に対して優しくなれるはずです。**読書で読解力を鍛えることで、相手の心を読み解く力も鍛えられるのです。**

本好きな子は国語以外もできる

子ども向けの各種調査においても、「読書が好きな子は読解力がある」「読書が好きな子は国語も数学も英語も成績がよい」という結果が出ていて、読書の重要性がわかっています。

2018年PISA調査で、「読書は、大好きな趣味の一つだ」「本の内容について人と話すのが好きだ」というふたつの質問に対し、「まったくその通りだ」「その通りだ」と肯定したグループは、「まったくその通りでない」「その通りでない」と否定したグループよりも読解力の平均得点が統計的に有意に高くなっていました。

また、2019年度の全国学力テストの中学3年生に対するアンケートでは、「読書は好きですか」という質問に対し、回答によって学力の差が顕著に表れています。

「当てはまる（読書が好き）」と答えた子の国語の正答率が79・4％であるのに対し、「どちらかといえば、当てはまる」と答えた子は73・4％、「どちらかといえば、当てはまらない」と答えた子は68・1％、「当てはまらない（読書は好きではない）」と答えた子は61・8％でした。「当てはまる」と「当てはまらない」の差は実に17・6ポイントもあります。

さらにこれは国語に限りません。数学と英語も、読書が好きかどうかの回答によって正答率に差が出ています。「当てはまる」と「当てはまらない」の差は、数学が14・8ポイント、英語が９・４ポイントとなっています。つまり読書が好きな中学生ほど、国語はもちろんのこと、数学も英語もテストの点数がよかったのです。

小・中学生の「朝読」効果

若者の読書離れが叫ばれて久しい昨今ですが、実は小学生に関しては、今の30～40代の子ども時代よりも本を読んでいるというデータがあります。

全国学校図書館協議会が65年にわたって行っている「学校読書調査」２０１９年の結果によると、小学４～６年生の１ヵ月の平均読書冊数は、過去30年でいちばん少なかった１９９５年が５・４冊であるのに対し、２０１９年には11・３冊と、２倍以上になっています。

中学生に関しても、いちばん少なかった１９９７年には１・６冊でしたが、２０１９年には４・７冊と、約３倍に増加しています。

さらに、この調査期間の１ヵ月間に本を１冊も読まなかった「不読者」についても調査されています。小学４～６年生の不読者は、１９９５年には全体の15・５％でしたが、２０１

9年は6・8%と半分以下になりました。中学生は1997年の55・3%から2019年には12・5%と、4分の1以下になっています。

この四半世紀で小・中学生の読書冊数は増え、不読者も減っているのです。この理由としては、学校での「朝の読書活動」、通称「朝読」が大きな役割を果たしたと言えます。1988年に、船橋学園女子高校（現・船橋学園東葉高校）の故・林公教諭と大塚笑子教諭が提唱した朝読は、2001年に制定された「子どもの読書活動の推進に関する法律」とその基本計画において文部科学省が推進し、全国に広がりました。

学校で毎日5分から15分程度の読書時間を設けるこの活動を、朝に限らずとも実施している学校は、2016年において小学校約1万9000校（全体の97・1%）、中学校約8300校（同88・5%）に上ります。

高校生以上の読書離れ問題

一方で高校生、大学生が読書をしないという問題は残っています。同じく「学校読書調査」では、小・中学生の読書量が増加しているのに対し、高校生の読書量は1989年が月平均1・3冊、2019年も同1・4冊と、ほとんど増えていません。高校生の不読者については、最も多かった1997年の69・8％と比べればましですが、2019年も55・3％と、過半数に達しています。

高校生が本を読まない理由について、文部科学省の委託調査「子供の読書活動の推進等に関する調査研究（2018年度）」では、「ほかのことをしていて時間がなかったから」が47・0％（複数回答）で、いちばんの理由となっています。

高校生は大学受験の勉強に加え、部活動やアルバイト、あるいはスマホで友人たちとコミュニケーションをとるなどで忙しいのでしょう。朝の読書活動を実施している高校も約1500校と、全体の42・7％にとどまっていますので、学校で読む機会も失われています。

しかし読解力向上のためにも、読書は不可欠です。学校も親も「本を読むより勉強しなさい」という態度をとるのではなく、読書の有用性を理解し、ぜひ読書を勧めてほしいと思います。

本を読まない2番目の理由としては「ふだんから本を読まないから」が31・8％となっています。子どものころから読書習慣を身につけておく必要があると言えます。

大学生の読書離れも深刻です。全国大学生活協同組合連合会が全国の大学生約1万人を対象に調査している「学生生活実態調査」では、一日あたりの平均読書時間を0分と答えた人は、２００４年以降30％台でしたが、２０１３年に40％を超えました。さらに２０１７年には53・１％を記録し、大きなニュースとして報じられました。２０１９年は48・１％となっています。

現在の大学生は小学生のころから朝読が普及していた世代です。それ以前の世代に比べて小・中学校で本をよく読んでいたにもかかわらず、高校生以上になってから読まなくなるということが、これらの調査からわかります。中学までをピークに、残念ながら読書離れは進んでいるのです。

大人の読書離れも進んでいます。文化庁が２０１８年度に実施した「国語に関する世論調査」で「1ヵ月に1冊も本を読まない」と答えた不読者は47・３％に上ります。

子どもが読書を好きになるかどうかは、親次第です。家に本があり、親が本を読む姿を見せ、本についてあれこれと話す姿を見ていれば、子どもは本が好きになります。親の読書姿勢を見ていれば、一時的に読書から離れる時期があったとしても、いずれ読書の楽しみを思い出し、また本を読むはずです。親が本を読まずに「本を読め」と子どもに言うだけでは、読書の習慣は身につきません。

じっくりと考えながら読む習慣

読書で読解力を伸ばすにはコツがあります。新聞同様、「じっくりと考えながら読む」習慣をつけるのです。

まずは「どうしてこんな書き出し方をしているのだろう」「どうしてこんな展開をしたのだろう」「著者はここで何を言いたいのだろう」などと考えながら読んでみましょう。

プロの著者であれば当然、読者に伝えたいことを考えて、構成には大いに工夫をこらしています。速読ではその構成の妙に気づくことができず、内容をかいつまんで終わってしまいます。

構成をじっくりと読み込むには、推理小説がお勧めです。優れた推理小説は、犯人が誰なのかが最後までわからないように、でも最後には読者が納得できるように書かれています。大前提として、本文のどこかに必ず伏線がありますし、小説内に登場している人の中に犯人がいます。ちなみに出来の悪い推理小説とはこの裏返しで、伏線もない唐突な展開だったり、これまで小説内に登場していなかった人物が犯人になったりしているものを指します。

優れた推理小説では最後まで犯人がわからないように、文中にさまざまな仕掛けも施されています。なんとなく怪しげに描写されている人が実は犯人ではなかったり、逆に「絶対この人だけは犯人じゃないだろう」と思わせる書き方をされていた人が犯人だったりします。

そうして最後に真犯人がわかり、もう一度初めから真犯人に着目して読み直してみると、途中でポツリと言っていたセリフ、無関係と思えた行動などから、これは実はこういう意味で、だから犯人なのか、とわかるように書いてあるのです。こんなふうに推理小説を読み解いていくと、読解力の向上につながります。

私のお気に入りの推理小説はたくさんありますが、横山秀夫の『半落ち』（講談社文庫）、『陰の季節』（文春文庫）、海外ものならジョン・ル・カレの『寒い国から帰ってきたスパイ』（宇野利泰訳、ハヤカワ文庫）などが良質でお勧めです。

さらにお気に入りの本に出合ったら、「自分だったらどう書こうかな」などと考えてみるとなおいいでしょう。

書き出しはこの場面から始めたほうがいいんじゃないか、ここにもこんな伏線を入れておいたらいいんじゃないか、もし続きを書くとしたらどう書こうか、あるいは主人公が別の登場人物だったらどんな話になるかな、など。そこまでやると、読解力は本当に鍛えられます。

このように「著者が何を考えてこういう文章を書いているのか」がわかる力も、いわば自分とは違う他者への共感力であり、情緒的読解力です。そうすると、他のさまざまな文章を読んでいても、真意がわかるようになってきます。

たとえばちょっと皮肉めいた文章の場合、その上っ面だけ受けとるとその人の言いたいことを真逆なものに誤解してしまうということがありえます。ところが「どうしてこういう言い方をしたんだろう」と丁寧に読めば、「これは本当にそう思っているわけではなく、自虐的なギャグなんだな」だとか「あえて笑いをとろうとしているんだな」とわかり、思わぬ誤解というものは起きないはずです。

理系タイプの読書の特徴

東京工業大学でリベラルアーツを教えている縁で、東工大の卒業生や在校生を交えた読書会を毎月行っています。この読書会の様子は『池上彰と現代の名著を読む　東工大・白熱読書教室』（筑摩書房）という本にもなりました。

東工大は、理系分野の成績がトップクラスの学生たちが集まる国立大学です。読書会を始めてまず驚いたのは、東工大生たちが必ず、評論などの文章に出てくるさまざまな用語ひとつひとつに関して「この用語の定義は何ですか。定義がなければ議論できません」と言うことでした。さらに著者がものごとを評論していく段階になると、これまたひとつひとつ「この意見のエビデンス（証拠）や裏づけのデータは何ですか」と理詰めで問うのです。

私のような文系タイプの人間からしてみると、理系タイプの人はこのように文章を読むのか、と目から鱗が落ちる思いでした。

東工大生のような理系の子たちは、国語の教科書や試験で出てくる評論などは、読みづらかったのではないかなと思います。もちろんそれぞれ、しっかりと論理的に書かれている著作なのですが、教科書や試験には抜粋して載せられているため、エビデンスなどに触れていない記述もあるからです。

全体の文脈から読みとるということができる人は、国語も得意科目となり、文系も理系も、あらゆる科目に満遍なくいい点数が必要な東京大学を目指したことでしょう。総合力の東大生、理系科目の数学や物理、化学がずば抜けて優秀な東工大生、という印象を持ってしまいます。だからこそ、東工大生も改めて国語に目を向けて読書をしてほしいというのが、私が読書会を行う趣旨なのです。

そんな理系科目に優れた東工大生たちに人気だった本は、『FACTFULNESS（ファクトフルネス）』

（H・ロスリング、O・ロスリング、A・R・ロンランド、上杉周作・関美和訳、日経BP）でした。日本では２０１９年に刊行され、ベストセラーとなった本です。

この本は、「みんながなんとなくそうと決めつけていることも、データをきちんと見ていくと実際には違う場合がある」ということを明らかにし、ステレオタイプなものの見方をひっくり返してくれる本です。

たとえば、「低所得国では子どもたちの識字率は低く、初等教育が行き渡っていないだろう」というのは思い込みで、データを読み解くと実情とは異なります。データというエビデンスに基づくべきだ、という本ですから、エビデンスが大好きな東工大生は大喜びというわけです。

理系に勧めたい不条理文学

東工大生との読書会では評論などの論理的な文章を読むことが多く、学生たちは小説や哲学書などは普段から読まないというタイプばかりです。しかしある日「不条理文学を読みたい」という学生が現れて、アルベール・カミュの『ペスト』（宮崎嶺雄訳、新潮文庫）と、不条理文学というよりは実存主義ですが、ジャン＝ポール・サルトルの『嘔吐』（鈴木道彦訳、人文書院）とで多数決をとり、希望者の多かった『ペスト』のほうを先に読むことになりました。２０１９年のことです。

『ペスト』は、ペスト菌による感染症が流行してロックダウンされたアルジェリアのオラン市という閉鎖空間の中で、極限状態にある人間のそれぞれの行動を、淡々と描いている小説、フィクションです。

絶望的な状況にも医師として毅然と立ち向かう主人公の医師リウー、たまたま訪問して閉じ込められたオランからの脱出を企てていたものの、リウーらの献身的な活動に触れるうちに、町のために尽くそうと行動を変えた新聞記者ランベール、ペストの前ではなすすべもないが信仰を捨てられず、無力感に陥る神父パヌルーなど、さまざまな人の行動や思いが描かれます。

「**人間の生き方ってどういうことなんだろう**」「**人のために尽くすってどういうことなんだろう**」と、東工大生たちとの議論は白熱しました。

ちなみに私の読書会での役回りは、物語の舞台であるアルジェリアの前提条件の解説でした。北アフリカには城塞都市があり、都市はすべて塀で囲まれていて、出入り口となる門を閉じてしまうとそこはたちまち閉鎖空間になるのです。物語ではペストで城塞都市・オランがロックダウンされ、逃げ出そうとしても逃げ出すことができなくなります。町から出られないなんて日本人の私たちには想像し難いことですが、北アフリカの城塞都市ではリアルに出られなくなるのです。

この読書会の数ヵ月後に新型コロナウイルスのパンデミックが起きました。１９４７年にフランスで発表された『ペスト』は日本全国の書店で売れ、２０２０年2月以降の数ヵ月で新潮文庫版が36万部も増刷されました。新型コロナウイルスとまだまだ共存していかねばならない今こそぜひ読んでほしい作品です。学生たちからは、「あのとき読んでおいてよかった」という声が聞かれました。

東工大生のように、小説などのフィクションではなかなか感動できないというタイプの人は、作者が「感動させよう」としている意図を鋭く感じ取ってしまうためにかえって感動できないのかもしれません。

なかなか感動できないという人には、わかりやすい感動作よりも『ペスト』のような不条理文学がお勧めです。

ジョブズとマルクスの伝記

それでも小説がどうも苦手だという人には、実在の人物の生涯を綴る「伝記」というジャンルもいいでしょう。

子ども向けの伝記は、サクセスストーリーとして描かれていたり、夢に向かって努力する大切さを強調する道徳的なものになっていたりと、偉人の「不都合な真実」が編集でカットされていますが、大人向けのノンフィクションの伝記は、人間の表と裏とを冷静に俯瞰することができます。

たとえば、iPhone（アイフォン）を生み出し世界を変えたApple社の故・スティーブ・ジョブズは、伝記を読んでみると、従業員を罵倒したり、対立する相手の寝首を掻いてCEOの座から引きずりおろしたりなどしていて、絶対につきあいたくないと感じる人です。

大学時代、『資本論』（向坂逸郎訳、岩波文庫）に歯が立たなかったことがきっかけで、代わりにカール・マルクスの伝記を読んでみたのですが、マルクスもジョブズと同様、「この人とは友達になりたくない」と感じる人物でした。

マルクスの盟友で自らも共産主義運動のリーダー的存在であったフリードリヒ・エンゲル

スは、同じ目標があったからでしょうか、それにしてもよくつきあっていたなと思います。マルクスが偉大な思想家で経済学者であることは間違いないのですが、偉大な功績を残した人物が、必ずしも人間的に優れているとは言えないのだなと知りました。

蓄音機や白熱電球、動画撮影機「キネトグラフ」などを発明したトーマス・エジソンも、偉大な「発明王」と呼ばれていますが人間的にはとんでもない人で、自分のライバルに対しては罵倒したり、ネガティブキャンペーンを行ったり、特許侵害だとしてすぐに訴訟を起こしたりしていました。

千円札に肖像が載っている野口英世は、乳児期に囲炉裏(いろり)で左手の指がすべてくっつく大火傷を負ったというハンディキャップをバネに世界的な医学博士となり、3度ノーベル賞候補に挙がりつつも黄熱病の研究中に亡くなった人物で、子どものころは伝記を読んで感激したものです。しかし大人になって改めて調べてみると、金遣いが荒く知人に借金を重ねたり、結婚詐欺まがいのことをやらかしていたりして、衝撃を覚えました。

極めつけはエドワード・ジェンナーです。ジェンナーは18世紀末に、致死率が20〜30％にも上る感染症「天然痘」の免疫を作るために、牛の天然痘だけれども人間は罹っても軽症で済む「牛痘」に着目。牛痘に罹った人間の膿疱から得た液を腕に接種し、免疫を作るという

「牛痘種痘法」を開発した人物です。このおかげで、天然痘は1980年に世界保健機関（WHO）によって根絶宣言が出されるに至りました。

しかしこの牛痘種痘について、子どものころに読んだジェンナーの伝記では「わが子に最初に接種した」と書いてあったのですが、大人になって調べてみたところ、最初はわが子ではなく、なんと使用人の息子に接種していたのです。なんて最低な人なんだ、と思ったものです。

こうした実在の人物の伝記を読むことは、「人間とはどんなものか」ということへの読解力を鍛えることにつながります。「天は二物を与えず」という言葉があります。実際には二物も三物も与えられている人はいるものですが、それでもすべてにおいて完璧な人はいるわけがなく、偉人であっても人間的にだらしなかったり、人間として最低じゃないかと思えたりする人もいるのです。

彼らの素晴らしい点だけに注目してやみくもに信奉するのではなく、冷静にその人のよいところと悪いところをバランスよく見ていく力も、正確な伝記を読むことで身につけられるでしょう。

小説のようなノンフィクション

歴史小説は、「小説」と銘打っているとおり、歴史上の事実の点と点をつなぐ部分を作者の想像で描いたフィクションです。歴史上の人物や事件がそのままの名前で出てくるので、誤解されやすい向きがあります。

城山三郎しかり、司馬遼太郎しかり、見事な歴史小説は、「フィクションなのにその人物らしさが浮き彫りになる言動」を想像で描けている、という点で優れています。「この人物はこの場面では、きっとこう言ったに違いない」「こう行動したに違いない」と読者が納得できるのです。

高度な読解力が必要な分野として、「ニュージャーナリズム」というノンフィクションもあります。

ニュージャーナリズムは、ルポルタージュのように客観的な描写をするだけでなく、取材対象者の心の内面まで深く迫って書くというタイプのノンフィクションです。作家トルーマン・カポーティが実際に起きた一家４人惨殺事件の真相を執拗に調べ、実在の人物たちの心理をこと細かく小説風に描写した『冷血』（佐々田雅子訳、新潮文庫）から派生したとされるスタイルです。日本では沢木耕太郎が『テロルの決算』（文春文庫）などを著し、「ニュージャーナリズムの旗手」と呼ばれました。

ニュージャーナリズムは取材対象者の中に入り込みながら、事実関係を淡々と描くのですが、それこそが大変なのです。著者は人間的な人や非人間的な人を取材し書いていく中で、本当はいろいろな思いを抱いているはずですが、その「自分」は登場させずに、文章やストーリーによってその思いを読者に理解してもらおうとします。読解力も試されますが、それを察知できたときの醍醐味は、格別ではないでしょうか。

読解力が高い人はみなさん読書家

私がこれまでに出会った「読解力が高い」と感じた人々は、総じてみなさん読書家です。日本幾人か挙げさせていただくとするならば、まずは第3章でも触れた出口治明さんです。日本生命を退職後に60歳でインターネット専業の生命保険会社・ライフネット生命保険を開業し、70歳で立命館アジア太平洋大学の学長に就任した出口さんは、1万冊以上の本を読破しています。時事問題にも豊富な見識を備え、自ら世界史や日本史の本を書かれるなど、圧倒的な教養をお持ちです。

日本で初めて商用のインターネット接続サービスを実現した、インターネットイニシアティブ（ＩＩＪ）創業経営者の鈴木幸一さんも、小学校入学前から膨大な量の本を読んでいたという読書家です。情報システムに興味を持ったきっかけも、『脱工業社会の到来』（ダニエル・ベル、内田忠夫・他訳、ダイヤモンド社）、『ウィーナー　サイバネティックス』（ノーバート・ウィーナー、池原止戈夫・他訳、岩波文庫）などを高校生のころに読んだことだったそうです。日本にインターネットを理解する人がほとんどいない時代に、先見の明を持って創業する決断力は、まさしく時代を読み解く力の賜物でしょう。

ビジネスの第一線で活躍している経営者の多くが、若いころからたくさんの本を読んでいます。**読書量を蓄積しているからこそ、危機に直面したり経営者として決断を迫られたりするときに、冷静な判断ができるのだと思います。**読書はかける時間に対して得られるメリットが多く、ビジネスマンにとっても効率のよい趣味と言えるでしょう。

読書家・松井秀喜の人を見抜く目

野球選手として日米両国の第一線で活躍した松井秀喜さんも読書家です。試合の移動時間には読書に没頭し、宮本武蔵の『五輪書』（岩波文庫）などを愛読していたそうです。あるテレビ番組で一緒にキューバを訪問した際にも、キューバゆかりのノーベル文学賞作家・ヘミングウェイの『老人と海』(高見浩訳、新潮文庫)を読み、野球選手が出てきて親近感が湧いたと言っていました。

現役引退後の現在は古巣のニューヨーク・ヤンキースで「GM特別アドバイザー」を務め、傘下のマイナーリーグにいる若手選手を指導し、その状況をGMに報告しています。松井さんのアドバイスで、アーロン・ジャッジ、ゲーリー・サンチェスなどの選手が飛躍しています。

有望な選手かどうかを見極めるためには、ロッカールームやベンチでの態度などを総合的に見て考えると言っていたのが印象的でした。自分勝手な振る舞いをしてチームを乱していないか、自分の出番以外でも、ベンチでチームの勝負の行方をきちんと見ているか、などをチェックするそうです。読書量があり読解力のある人は、やはり人を見る目が養われているのだなと感じました。

2 教科書を楽しむのは大人の特権

知的ガイドブックとして活用

第2章でも触れましたが、大人のあなたにも改めて教科書を読んでみてほしいところです。大人だからこそ、教科書を純粋に楽しめるという特権があります。

たとえば教科書には、小説でも評論でも、文末などに「このとき主人公はどう思ったか、説明しよう」「筆者はどのようなことを主張しているか、考えよう」といった設問がついています。もちろん真面目に勉強し直したいと思う方は、自分なりに考えて解いてみれば、力がつくでしょう。しかし大人だからこそ、設問を無視するという選択肢があります。

個人的には、この「〇〇について考えてみよ」という問いがあるから教科書がつまらなくなってしまうと思います。教室での授業であれば、この問いに答えなくてはなりませんが、大人はそれに答えずにただ面白く読むことが許されます。私はむしろそのほうが、つまりスラスラと自分なりに読んで、「あ、面白かった」とか、「あ、こんなこと言いたかったんだな」とかいうのを勝手に妄想するほうがいいと思います。これこそ、学校を卒業した大人の特権です。

教科書には、どうしても学習指導要領に基づいたお仕着せの問いかけが載っています。また、無理があったり、誘導しようという意図が透けて見えたりします。優秀な高校生だったら、そこを見破って、「大人の読み方に自分の読み方を無理やりねじ曲げられたくない」と反発する気持ちもあるでしょう。

読書の項で勧めた推理小説は、国語の教科書には載っていませんね。星新一のショートショートが載っていたくらいでしょうか。アガサ・クリスティの作品、あるいはアーサー・コナン・ドイルの「シャーロック・ホームズ」シリーズなどは、教科書にも登場してほしいものです。

加えて推理小説以前に、教科書には直木賞受賞作家の小説が少なく、芥川賞受賞作家の小説が多く掲載されていると思いませんか。実際、２０１９年度の東京書籍など採択冊数の上位６位までの教科書で、小説が取り上げられていたのは、芥川賞作家が安部公房など７人、直木賞作家が角田光代など２人でした。

芥川賞は純文学、直木賞はエンターテインメント小説を対象とした賞ですので、純文学こそ文学のトップだ、ととらえる風潮が出版界にまだあり、それが教科書にも反映されているのかなと思います。

また教科書には、小説や評論だけでなく、「随想」、つまりエッセイも載っています。ただ、エッセイの読み取り方は難しい。上手だな、見事だなと感動するエッセイはたくさんありますが、そのエッセイをいざ読み解こうとすると、逆にエッセイの魅力を壊してしまう気もするのです。

むしろ、エッセイを読んで読解力をつけるというそのやり方が実は間違いで、国語嫌い、読書嫌いを作る原因だとすら思います。エッセイは難しいことを考えず、読んで「ああ、面白かった」でいいのではないかと思うのです。もちろん面白かったら、分析してみてもいいでしょう。「書き出しでは『ん？』と思ったけど、こういうオチにつながったのか」「この部分が伏線になっていたんだな」など、上質なエッセイには著者の工夫が随所に見られるはずです。

こうしてエッセイを楽しむ経験を積み重ねていくうちに、いつしか人を惹きつける文章の書き方や、名エッセイストのものの見方などが、自分の中にも蓄積されていくことでしょう。

教科書に載っている小説、評論、エッセイなどの文章は、短編でない限り、たいていはそれぞれの作品の「さわり」です。作品全体のごく一部だけを掲載しているのです。だから、自分が面白いと感じたものは教科書をきっかけに原作を買ってきて、全文を読んでみてください。

さらにその上で、「教科書に採用されたのはこの部分か。どうしてここの部分にしたのだろう」と考えてみましょう。編集者が子どもたちに読解力をつけてもらうために、この部分がベストだと判断した理由です。

これをくり返していると、大学入試センター試験などで現代文の問題がどこから出るかということが予測できるようになります。最近売れている本をどんどん買って読んで、「あ、ここの部分がきっと肝だな」とわかると、入学試験でその部分が出るだろうと予測する能力、力をつけることができます。あまり一般の人には役に立たない能力かもしれませんが。

私が『おとなの教養2』（NHK出版新書）で「科学的なものの見方とはどういうことか」という文章を書いたとき、さまざまな大学や高校の入学試験でその文章が出題され、見事に全部同じ箇所が採用されていました。

それを見て、変な話ですが著者の私自身が、「私が本当に言いたかったのはこの部分だったんだな」ということに気づかせてもらえました。確かに、書くときにいちばん力を入れて、どう表現しようかと努力して書いた部分がこの出題箇所だったのです。みなさん、ちゃんと読んでくださったのだなと著者としては嬉しくなります。

古典で長期的な見方が身につく

国語の教科書には古文や漢文などの「古典」も載っています。少々話がそれますが、なぜ古典を学ぶのでしょうか。

たとえば清少納言の『枕草子』は、教科書にずっと掲載されることによって、日本に住む人間としての共通の感性が連綿と育まれている気がします。

冒頭の「春はあけぼの。やうやう白くなりゆく山ぎは、すこしあかりて」などはあなたも学校で暗誦させられたのではないでしょうか。

春といえばやっぱりあけぼの、夜明けがいいんだ、という感性、すなわち季節の移ろいを敏感に感じとる感性を昔の人々も持っていて、今の私たちも受け継いでいる。その時間の継続性こそが文化ではないかと思います。あるいは、そういうことに気づくのが読解力とも言えます。

また「春はあけぼの」という一文を読んでも、初めは意味がわからないでしょう。ここでは「春はあけぼのが素晴らしい」という、「あけぼの」に続く言葉が省略されています。この日本語ならではの、短い文章に略され、凝縮されている意味を敏感に察知することで、情緒的読解力を鍛えることができます。

こうして情緒的読解力をつけることが人間的な成長につながるのです。

たとえば友人と話をしていて、相手が何かを言いかけて突然口をつぐんでしまったとしましょう。そのとき、「なぜここで口をつぐんでしまったんだろうか。本当はこのあと、こう言おうとして途中で止めたということは、私への配慮なんだろうか。それとも他に何か理由があるんだろうか」などと、他者の心の動きを分析したり解釈したり察知したりする、すなわち読み解く力というのが、この枕草子のような情緒的な文章を読むことによってついていくのです。

紫式部の『源氏物語』も日本文化を代表する作品です。最近では欧米を中心に、翻訳された『源氏物語』を読んでいる外国人も多くいます。私もアメリカで主人公・光源氏について質問されたことがありました。原文で読むのはつらいものもあるでしょうが、今はさまざまな作家による現代語訳版も出ていますので、ぜひ一度は読んで、私たちとも通じるところのある千年以上前の人々の心情を読み取ってみてほしいと思います。これぞ綿々と連なる日本の精神文化です。

源氏物語は「いづれの御時にか、女御、更衣あまたさぶらひたまひける中に、いとやむごとなき際にはあらぬが、すぐれて時めきたまふありけり」と始まります。

今になって改めて読んでみると、「いづれの御時にか」という表現で物語を始めることによって、特定の天皇の時代などと限定されずに読めるような設定、汎用性があってどんな時代になってもこれが読まれる、適応できる文章になっているんだな、と気づくことができました。昔話が「むかしむかし、あるところに……」と始まるのと同じです。英語では「Once upon a time」ですね。これに気づくのも読解力のひとつでしょう。

中学や高校時代という感受性が強いころ、頭が柔らかいころに覚えたことはこの歳になっても忘れないもので、いまだにふと出てきます。

たとえばみんなで話をしていて、「専門家の話をちゃんと聞かなかったから、こんなことになったんじゃないか」というときにはすぐに「先達はあらまほしき事なり」というフレーズが浮かんできます。兼好法師の『徒然草』の第52段「仁和寺にある法師」に出てくる言葉です。昔からそう言われてきたんだなと感慨深くなります。

また漢文は、本来中国の古典の文章です。唐の詩人・孟浩然（もうこうねん）の「春暁（しゅんぎょう）」という詩の一文目は、日本語では「春眠暁を覚えず」と「目的語・述語」という順になりますが、中国語では「春眠不覚暁」となり「述語・目的語」の順になります。これをそのまま日本語で読めるように工夫し、句読点、返り点、送り仮名をつけたものが「訓読」です。この独特な文体「漢文訓読文」は、擬古文、和漢混交文などとともに「文語体」として、戦前まで公用文や書簡文などに広く用いられていました。

文語体は、音のリズムとして素晴らしいのです。さらに文章を書く上では、文語体に触れたことがあるかないかでずいぶんと「書く力」が違ってくるのだと思うようになりました。たとえば『新約聖書』は、文語体で「はじめに言葉ありき」と始まります。これが現代の言葉で「はじめに言葉がありました」と始まるとなんだか言葉が軽く、拍子抜けするようにも思うのです。

また、フランスのノーベル文学賞受賞者アンドレ・ジイドの小説『狭き門』(川口篤訳、岩波文庫)は同じく『新約聖書』の「狭き門より入れ。滅びに至る門は大きくその路は広く、これより入る者多し。いのちに至る門は狭く、その路は細く、これを見出す者は少なし」を由来とする題名がついています。これも『狭い門』という題名だったらどうでしょうか。ちょっとかっこよさが半減するような気がします。

大学入試シーズンにはニュースで「狭き門に数万人の受験生が殺到しました」などと報じられますが、これが文語体のリズムのよさです。今はなかなか文語体で書かれた本を手に入れるのは容易ではありませんが、国語の教科書に漢文が載っていることで、文語体のよさを味わうきっかけとなっています。

詩仏と呼ばれる唐の詩人・王維（おうい）の「送元二使安西」（元二（げんじ）の安西（あんせい）に使いするを送る）という詩は、友人がいよいよ旅立つというときに、さあ一杯酌み交わそうという情景を詠んでいます。

「君に勧む更に尽くせ一杯の酒／西のかた陽関（ようかん）を出（い）ずれば故人無からん（さあ、もう一杯飲み干したまえ。西のかたの陽関を出てしまったら、もう君に酒を勧めてくれる友人もいないであろうから）」という訓読には、独特の心地よいリズムがありますね。

古典を読み解くことができれば、知識が教養へと十分に深化していると言っていいでしょう。**今も読み継がれる古典には、人間の変わらぬ心理が描かれていて、長期的なものの見方、考え方を身につけるのに適しています。**

新型コロナウイルスの感染拡大により、世界で何十万人もの人が亡くなるという未曾有の事態に直面した２０２０年、未来は人知の及ばない不確かなものだという事実が、改めて私たち人類に突きつけられました。だからこそ今、教養を身につけ、読解力によってものごとを正しく理解し、立ち向かうことの重要性が高まっています。

読解力は、不条理な世の中を生き抜くために欠かせない力なのです。

参考文献

『世界を変えた10人の女性　お茶の水女子大学特別講義』池上彰　文春文庫
『ことばの危機　大学入試改革・教育政策を問う』安藤宏、阿部公彦、沼野充義、納富信留、大西克也
東京大学文学部広報委員会編　集英社新書
『AI vs. 教科書が読めない子どもたち』新井紀子　東洋経済新報社
『ソニー自叙伝』ソニー広報部　ワック文庫
『カンブリア宮殿　村上龍×経済人2』村上龍　テレビ東京報道局編　日本経済新聞出版社
『新編国語総合』東京書籍　平成31年2月10日発行
『国語総合　現代文編』東京書籍　平成31年2月10日発行
『人生に必要な教養は中学校教科書ですべて身につく　12社54冊　読み比べ』池上彰、佐藤優　中央公論新社
『「読解力」を育てる総合教育力の向上にむけて　「読解力」向上への学校と家庭の役割を探る』田中博之、木原俊行、大野裕己監修　ベネッセコーポレーション

池上 彰

ジャーナリスト。1950年、長野県松本市生まれ。慶應義塾大学卒業後、1973年にNHK入局。報道記者としてさまざまな事件、災害、消費者問題、教育問題などを担当する。1989年、ニュース番組のキャスターに起用され、1994年からは11年にわたり「週刊こどもニュース」のお父さん役として活躍。2005年よりフリーランスのジャーナリストとして、執筆活動を続けながら、テレビ番組などでニュースをわかりやすく解説し、幅広い人気を得ている。また、9つの大学で教鞭をとる。『相手に「伝わる」話し方』(講談社現代新書)、『伝える仕事』(講談社)、『なんのために学ぶのか』(SB新書)など著書多数。

講談社+α新書 6-3 C

社会に出るあなたに伝えたい
なぜ、読解力が必要なのか？
池上 彰

2020年11月18日第1刷発行

発行者―――― 渡瀬昌彦
発行所―――― 株式会社 講談社
東京都文京区音羽2-12-21 〒112-8001
電話 編集(03)5395-3522
販売(03)5395-4415
業務(03)5395-3615
イラスト―――― ヨンチャン
デザイン―――― 鈴木成一デザイン室
取材・構成―――― 小泉明奈
カバー印刷―――― 共同印刷株式会社
印刷―――― 株式会社新藤慶昌堂
製本―――― 牧製本印刷株式会社

定価はカバーに表示してあります。

落丁本・乱丁本は購入書店名を明記のうえ、小社業務あてにお送りください。

送料は小社負担にてお取り替えします。

なお、この本の内容についてのお問い合わせは第一事業局企画部「＋α新書」あてにお願いいたします。

Printed in Japan
ISBN978-4-06-520116-9

講談社＋α新書

もの忘れをこれ以上増やしたくない人が読む本 脳のゴミをためない習慣
松原英多
「すぐできて続く」脳の老化予防習慣を伝授！今一番読まれている脳活性化の本の著者が、
900円 820-1 B

全身美容外科医 道なき先にカネはある
高須克弥
「整形大国ニッポン」を逆張りといかがわしさで築き上げた男が成功哲学をすべて明かした！
880円 821-1 A

世界のスパイから喰いモノにされる日本 MI6、CIAの厳秘インテリジェンス
山田敏弘
世界100人のスパイに取材した著者だから書ける日本を襲うサイバー嫌がらせの恐るべき脅威！
880円 822-1 C

空気を読む脳
中野信子
日本人の「空気」を読む力を脳科学から読み解く。職場や学校での生きづらさが「強み」になる
860円 823-1 C

ソフトバンク崩壊の恐怖と農中・ゆうちょに迫る金融危機
黒川敦彦
巨大投資会社となったソフトバンク、農家の預金等108兆を運用する農中が抱える爆弾とは
840円 824-1 C

ソフトバンク「巨額赤字の結末」とメガバンク危機
黒川敦彦
コロナ危機でますます膨張する金融資本。崩壊のXデーはいつか。人気YouTuberが読み解く。
840円 824-2 C

次世代半導体素材GaNの挑戦 22世紀の世界を先導する日本の科学技術
天野浩
ノーベル賞から6年――日本発、21世紀最大の産業が出現する!! 産学共同で目指す日本復活
880円 825-1 C

会計が驚くほどわかる魔法の10フレーズ
前田順一郎
この10フレーズを覚えるだけで会計がわかる！「超一流」がこっそり教える最短距離の勉強法
900円 826-1 C

ESG思考 激変資本主義1990―2020、経営者も投資家もここまで変わった
夫馬賢治
世界のマネー3000兆円はなぜ本気で温暖化対策に動き出したのか？ 話題のESG入門
880円 827-1 C

内向型人間が無理せず幸せになる唯一の方法
スーザン・ケイン 古草秀子 訳
成功する人は外向型という常識を覆した全米ミリオンセラー。孤独を愛する人に女神は微笑む
900円 828-1 A

トヨタ チーフエンジニアの仕事
北川尚人
GAFAも手本にするトヨタの製品開発システム。その司令塔の仕事と資質を明らかにする
880円 829-1 C

表示価格はすべて本体価格（税別）です。本体価格は変更することがあります